根本正次のリアル実況中継

司法書士

令和元年改正
会社法・
商業登記法
ここがこう出る!

はじめに

会社法の一部を改正する法律（令和元年法律第70号）

可決成立日　　令和元年12月4日

公布日　　　　令和元年12月11日 (法律第70号)

官報掲載日　　令和元年12月11日 (号外第181号)

　令和元年改正法が成立され，そのほとんどが令和3年度の司法書士試験に出題されることになりました。

　そして，司法書士試験では「改正されたものはすぐに出題する」という傾向があるため，対策は必須といえます。

　今回の改正は，今までの知識の入替えもありますが，それ以上に新しい制度が多くできた感があります。

　ただ，令和2年の出題を見る限りは「新しい制度は積極的に出題する」スタンスのため，新しい制度を積極的に学習する必要があります。

　今回，この会社法の改正について，

　　・イラストなどを多く使ってイメージを湧かせつつ

　　・しっかりとした理由付けをしながら

学習できる書籍を作りたく，筆を執ることにしました。

　また，この書籍は商業登記規則・商業登記の通達を待って刊行しました。令和3年の本試験だけでなく，その後の本試験にも耐えられるような情報量にしたつもりです。

　是非，本書を使って効率的に令和元年会社法改正を攻略しましょう。

令和3年3月

LEC専任講師　根本正次

● 本書の使い方

　本書は，図表 ➡ 説明という構成になっています（上に図表があり，その下に説明が載っています）。

　本書を使うときは，「図表がでてきたら，その下の説明を読む。その説明を読みながら，上の図表を見ていく」，こういうスタイルで見ていってください。

　そして，最終的には，「図表だけ見たら知識が思い出せる」というところを目標にしてください。

改正のポイント

改正のポイントがひと目でわかります。この内容を意識しながら学習を進めるといいでしょう。

本文

赤太字：知識として特に重要な部分につけています。
黒太字：知識の理由となっている部分です。理由付けは理解するためだけでなく，思い出すきっかけにもなるところです。

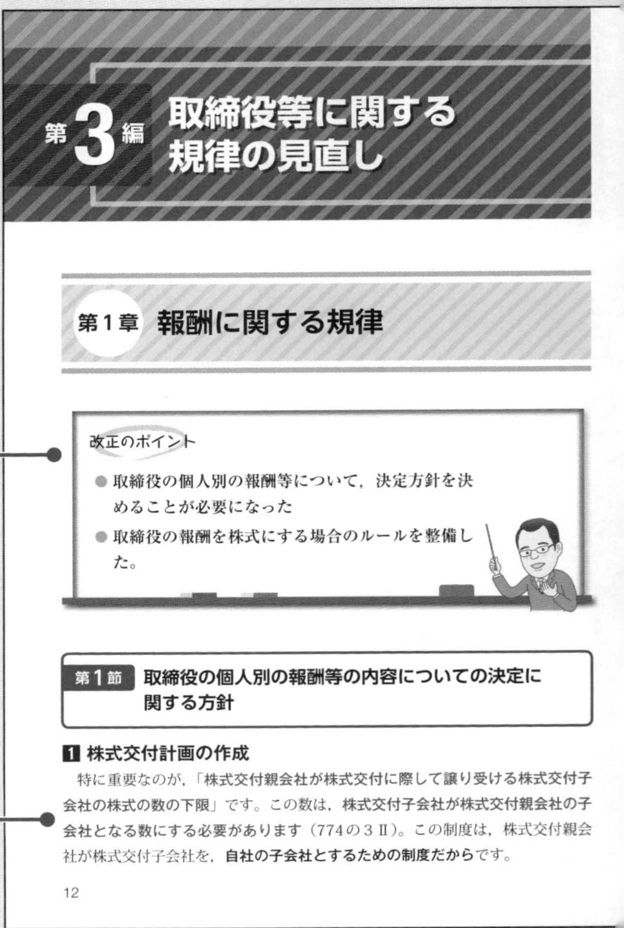

第**3**編　取締役等に関する規律の見直し

第1章　報酬に関する規律

改正のポイント

● 取締役の個人別の報酬等について，決定方針を決めることが必要になった

● 取締役の報酬を株式にする場合のルールを整備した。

第1節　取締役の個人別の報酬等の内容についての決定に関する方針

1 株式交付計画の作成

　特に重要なのが，「株式交付親会社が株式交付に際して譲り受ける株式交付子会社の株式の数の下限」です。この数は，株式交付子会社が株式交付親会社の子会社となる数にする必要があります（774の3Ⅱ）。この制度は，株式交付親会社が株式交付子会社を，**自社の子会社とするための制度**だからです。

12

図に表示されている矢印の違い

本書には数多くの図が掲載されていますが、矢の形で意味合いが異なってきます。

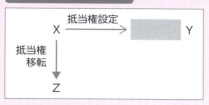

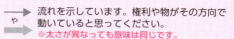
流れを示しています。権利や物がその方向で動いていると思ってください。
※太さが異なっても意味は同じです。

→ 債権、所有権、地上権など権利を指しています。誰が権利をもっていて、どこに向かっているかを意識して見るようにしてください。

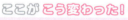

旧法	新法　重要度 A
規定なし	定款または株主総会の決議により取締役の個人別の報酬等の内容が具体的に定められていない場合には、「報酬等の決定方針」を決定しなければならない

ここがこう変わった！
旧法と新法でどう変わったかパッと見てわかるようにしています。単位ごと、最後に見直して復習にも利用してください。

▶条文 Check!

第404条
3　報酬委員会は、第361条第1項並びに第379条第1項及び第2項の規定にかかわらず、執行役等の個人別の報酬等の内容を決定する。執行役が指名委員会等設置会社の支配人その他の使用人を兼ねているときは、当該支配人その他の使用人の報酬等の内容についても、同様とする。

株式交付親会社は、株式の譲渡しの申込みをしようとする者に対し、株式交付計画の内容等を通知しなければなりません。

条文Check!
本試験では条文がそのまま出題されることがあります。覚える必要はありませんが、出てくるたびに読むようにしてください。

会社法上の公開会社であり、かつ、大会社である監査役会設置会社は、社外取締役を置かなければならない。
〔平28-30-オ〕
→ ✕ その発行する株式について有価証券報告書の提出義務を負うものでなければ、社外取締役の義務は課せられません。

過去問の正誤はこうなる
法改正によって、過去に出題された本試験問題の正誤が変わった問題を掲載しています。

これが説明できるようにしよう
☐ どのような場合、取締役会で、「報酬等の決定方針」を決定しなければならないのか
☐ どういった機関構成の会社がこの規制にかかるのか

これが説明できるようにしよう
改正点をどこまで理解できたか、最後に確認しながら学習を進めましょう。

第3編　取締役等に関する規律の見直し　◆　第1章　報酬に関する規律

※上記は見本ページであり、実際の書籍とは異なります。

目 次

はじめに i
本書の使い方 ii

第1編 改正の概要及び施行日　　2

第2編 株主提案権に関する改正　　4

第3編 取締役等に関する規律の見直し　　8

第1章 報酬に関する規律　　8

第1節 取締役の個人別の報酬等の内容についての
決定に関する方針 9

第2節 株主総会における決議事項等に関する規律
の見直し 13

第3節 取締役の報酬等である株式・新株予約権に
関する特則..19

第2章 会社補償に関する規律の整備　　35

第3章 社外取締役の活用等　　39

第1節 業務執行の社外取締役への委託 39

第2節 社外取締役を置くことの義務づけ 45

第4編 社債の管理　　49

第1章 社債の管理に関する規律の見直し　　49

第2章 社債権者集会　　57

iv

第5編 株式交付　　61

第1章	株式交付の概念	61
第2章	株式交付の手続き	65
第3章	株式交付の効力の発生等	85
第4章	株式交付の登記	90

第6編 その他の改正　　95

| 第1章 | 新株予約権に関する登記事項についての規律の見直し | 95 |
| 第2章 | 成年被後見人等についての取締役等の欠格条項の削除 | 99 |

第7編 商業登記法の改正　　110

第1章	印鑑届義務の廃止に伴う改正	110
第2章	電子情報処理組織による印鑑の提出等及び電子証明書による証明の請求	126
第3章	その他の改正点	130

付録① 令和元年会社法改正通達
（令和3年1月29日法務省民商10号）...133
付録② 令和元年会社法改正通達
（令和3年1月29日法務省民商14号）...146

令和元年改正
会社法・
商業登記法
ここがこう出る！

第1編	改正の概要及び施行日
第2編	株主提案権に関する改正
第3編	取締役等に関する規律の見直し
第4編	社債の管理
第5編	株式交付
第6編	その他の改正
第7編	商業登記法の改正

第1編 改正の概要及び施行日

株主総会に関する規律の改正	株主総会資料の電子提供制度（注） 株主提案権（令和3年3月1日施行）
取締役等に関する規律の改正	取締役等への適切なインセンティブの付与（令和3年3月1日施行） 社外取締役の活用等（令和3年3月1日施行）
社債の管理	社債管理補助者の制度の創設（令和3年3月1日施行） 社債権者集会に関する改正（令和3年3月1日施行）
株式交付	（令和3年3月1日施行）
登記の見直し	新株予約権に関する登記（令和3年3月1日施行） 会社の支店の所在地における登記の廃止（注） 印鑑の提出の義務付けの廃止（令和3年2月15日施行）
その他	議決権行使書面の閲覧（令和3年3月1日施行） 取締役の欠格事由の改正（令和3年3月1日施行）

（注）公布の日から3年6月を超えない範囲内において政令で定める日から施行

　令和元年の改正は，上記の6つの分野にわたっています。そして，それぞれの施行日が異なっている点にも注意が必要です。本書では，令和3年4月1日までに施行日が到来する部分のみに特化して説明をしていきます。

　詳細を説明する前に，それぞれの概要を説明します。

①株主総会に関する規律の改正

　株主提案権が乱発されている実情を直すため，一定の株主提案権の提案数を制限することにしました。

②取締役等に関する規律の改正

　取締役のやる気を出すための諸制度を作りつつ（取締役にとってのアメ），報酬等の決定について「透明性」を図るための仕組み（会社に対する規制）を立法しています。

③社債の管理

　社債管理者が使われていない実情を踏まえ，それより権限が小さい社債管理補助者という制度を作って，社債権者を保護しようとしています。

④株式交付

　100％の株式を握る完全親子会社を作る制度はありますが，単に親子会社になる制度がありませんでした。株式交付は，単に親子会社を作るために創設した制度です。

⑤登記の見直し

　オンライン登記制度が主流になっている状況で，届出印の提出を求めるのはおかしいため，届出印制度の義務化をやめました（届出印の制度自体は残ります）。

⑥その他

　取締役の欠格事由から「成年被後見人・被保佐人」が外れたことが重要です。それに伴って，成年被後見人・被保佐人が取締役の就任承諾をする仕組みを立法しています。

第2編 株主提案権に関する改正

ここがこう変わった！

旧法	新法
株主が提案することができる議案の数に制限がなかった	株主が提案することができる議案の数を，10までとする

重要度 B

　株主提案権の制度は，経営者と株主との間または株主相互間のコミュニケーションを図り，株式会社をより開かれたものにする目的で導入されました。

　ただ，近年，**1人の株主により膨大な数の議案が提出されるなど，株主提案権が濫用的に行使される事例がみられる**ようになりました。

　そこで，改正法においては，株主提案権の濫用的な行使を制限するための措置として，**株主が同一の株主総会において提出することができる議案の数を10までと制限する**ことにしたのです。

	議題の追加を請求する権利（303）	議案の要領の通知を請求する権利（305）	議案を提出する権利（304）
内容	一定の事項を会議の目的とすることを請求する	会議の目的事項について自己の議案の要領を株主に通知することを請求する	会議の目的事項につき議案を提出する
提案数の規制	×	取締役会設置会社→○ 取締役会を置かない会社→×	×

　株主提案権には，上記のように３種類ありますが，すべてが制限されているわけではなく，議案の要領の通知を請求する権利（305）のみが制限されています。そして，取締役会設置会社のみが制限を受けるのです。

①取締役会を設置していない株式会社において，規制をしない理由

　取締役会を置かない株式会社では，議題提案権の行使期限も設けられていないため（303 Ⅰ），仮に「議案の要領の通知を請求する権利」を制限しても，**議場において新たな議題および議案を追加して提案することができてしまいます。**

　そのため，取締役会を設置していない株式会社における株主提案権の行使を制限しても意味がないため，制限の対象から外しています。

　（また，取締役会を置かない会社の**株主総会は万能機関であり，決議内容に制限をかけられません。**そのため，提案権にも制限をかけなかったのです）

②議題提案権を規制しない理由

　議題は株主総会の目的事項であり，その性質上，株主において**膨大な数の議題を提案することは，まずありえない**ためです。

　また，議題の提案ができても，議案を提出できなければ議題提案権を拒否できます。そのため，**議案提案権を制限しておけば十分**なのです。

③議場における議案提案権（304）を規制しない理由

　議場における議案提案権の行使の方法によっては，**議長の議事整理権および秩序維持権に基づき，提出された議案や修正動議を取り上げないことなどができる**ためです。

　取締役会設置会社の株主が議案要領通知請求をする場合において，当該株主が提出しようとする議案の数が10を超えるときは，株式会社は**すべての議案を拒絶することができることとなるのではなく，「10を超える数に相当することとなる数の議案」についてのみ拒絶することができる**ことになります。

　どれを拒否するかは，**取締役が定める**のですが，当該請求をした株主が**議案相互間の優先順位を定めている場合には，取締役は，当該優先順位に従い，これを定める**ことになります（305Ⅴ）。

▶条文Check!

第305条（株主提案権）
株主は，取締役に対し，株主総会の日の8週間（これを下回る期間を定款で定めた場合にあっては，その期間）前までに，株主総会の目的である事項につき当該株主が提出しようとする議案の要領を株主に通知すること（第299条第2項又は第3項の通知をする場合にあっては，その通知に記載し，又は記録すること）を請求することができる。ただし，取締役会設置会社においては，総株主の議決権の100分の1（これを下回る割合を定款で定めた場合にあっては，その割合）以上の議決権又は300個（これを下回る数を定款で定めた場合にあっては，その個数）以上の議決権を6箇月（これを下回る期間を定款で定めた場合にあっては，その期間）前から引き続き有する株主に限り，当該請求をすることができる。
2～3　（省略）
4　取締役会設置会社の株主が第1項の規定による請求をする場合において，当該株主が提出しようとする議案の数が10を超えるときは，前3項の規定は，10を超える数に相当することとなる数の議案については，適用しない。この場合において，当該株主が提出しようとする次の各号に掲げる議案の数については，当該各号に定めるところによる。(省略)

5 前項前段の10を超える数に相当することとなる数の議案は，取締役がこれを定める。ただし，第1項の規定による請求をした株主が当該請求と併せて当該株主が提出しようとする2以上の議案の全部又は一部につき議案相互間の優先順位を定めている場合には，取締役は，当該優先順位に従い，これを定めるものとする。

これが説明できるようにしよう

☐ 議題の追加を請求する権利（303），議案の要領の通知を請求する権利（305），議案を提出する権利（304）のうち，上限が設けられた権利は？

☐ どのような機関構成の会社が規制を受けるか

☐ 10を超えた議案はどのように扱われるか

第3編 取締役等に関する規律の見直し

第1章 報酬に関する規律

改正のポイント

- 取締役の個人別の報酬等について，決定方針を決めることが必要になった
- 取締役の報酬を株式にする場合のルールを整備した

第1節 取締役の個人別の報酬等の内容についての決定に関する方針

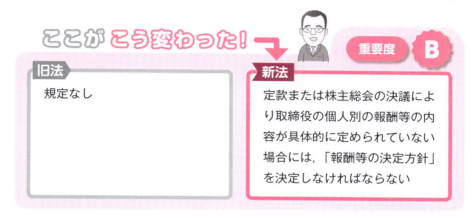

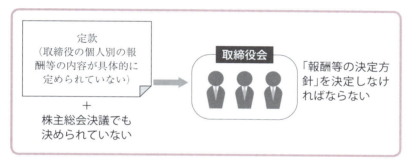

　現行法では，取締役の報酬等について，定款または株主総会の決議により概括的に定めれば，個々の取締役の報酬等の内容についてまで具体的に定める必要はなく，取締役会にその決定を委任でき，そして取締役会は，その決議によりさらに代表取締役にその決定を一任することができると解されています。

　しかし，ここでの個々の取締役の報酬等の配分については，条文の規制がないため，株主や投資家がその決定手続や内容が適切かどうかを判断できませんでした。

これでは，報酬等の透明性が確保できているとはいえません。

　そこで，改正法においては，取締役の報酬等の内容に係る決定手続等に関する

透明性を向上させる観点から，上場会社等の取締役会は，定款または株主総会の決議により取締役の個人別の報酬等の内容が具体的に定められていない場合には，「報酬等の決定方針」を決定しなければならないことにしました。

◆（参考資料）報酬等の決定方針として決定すべき事項（施行規則第98条の5）◆

①報酬等（業績連動報酬等又は非金銭報酬等でないもの）の額又は算定方法の決定に関する方針
②業績連動報酬等に係る業績指標の内容及び額又は数の算定方法の決定に関する方針
③非金銭報酬等の内容及び額若しくは数又はその算定方法の決定に関する方針
④①～③の報酬等の額の取締役の個人別の報酬等の額に対する割合の決定に関する方針
⑤報酬等を与える時期又は条件の決定に関する方針
⑥取締役の個人別の報酬等の内容についての決定の全部又は一部を取締役その他の第三者に委任することとするとき
　・委任を受ける者の氏名又は当該株式会社における地位及び担当
　・委任する権限の内容
　・委任を受ける者により委任される権限が適切に行使されるようにするための措置を講ずることとするときは，その内容
⑦取締役の個人別の報酬等の内容についての決定の方法（⑥の事項を除く。）
⑧取締役の個人別の報酬等の内容についての決定に関する重要な事項

　どのようなことを決めるべきかは，会社法施行規則で定められています（参考程度に眺めてください）。
　たとえば，代表取締役に一任しようとする場合は，⑥に該当する内容を決めておく必要があります。

対象となる役員	取締役（監査等委員である取締役を除く）
対象となる会社	・監査役会設置会社（公開会社であり，かつ，大会社であるものに限る）であって，金融商品取引法24条1項の規定によりその発行する株式について有価証券報告書を内閣総理大臣に提出しなければならないもの ・監査等委員会設置会社

　すべての会社で，この規制がかかるわけではありません。ざっくりいうと社外取締役が義務になっている会社のみに課せられています（第3編第2節で説明しますが，今回の改正で，一定の会社に社外取締役を設置する義務の仕組みが作られています）。

このような株式会社では，特に報酬の透明性を確保するため，規制をかけることにしたのです。

ちなみに，**指名委員会等設置会社は，今回の規制をかける必要はありません。**

▶条文Check!

第404条（指名委員会等の権限等）

3　報酬委員会は，第361条第1項並びに第379条第1項及び第2項の規定にかかわらず，執行役等の個人別の報酬等の内容を決定する。執行役が指名委員会等設置会社の支配人その他の使用人を兼ねているときは，当該支配人その他の使用人の報酬等の内容についても，同様とする。

上記のように，もともと，**個人別の報酬を報酬委員会で決めることになっている**ためです。

ちなみに監査等委員会設置会社における監査等委員である各取締役の報酬等は，定款または株主総会の決議により定められた上限の範囲内において，**監査等委員である取締役の協議によって定めるため，代表取締役の一存では決まりません。**
そこで，改正法においては，**監査等委員である取締役の報酬等については，報酬等の決定方針の対象から除外しているのです。**

▶条文Check!

第361条（取締役の報酬等）

7　次に掲げる株式会社の取締役会は，取締役（監査等委員である取締役を除く。以下この項において同じ。）の報酬等の内容として定款又は株主総会の決議による第1項各号に掲げる事項についての定めがある場合には，当該定めに基づく取締役の個人別の報酬等の内容についての決定に関する方針として法務省令で定める事項を決定しなければならない。ただし，取締役の個人別の報酬等の内容が定款又は株主総会の決議により定められているときは，この限りでない。

一　監査役会設置会社（公開会社であり，かつ，大会社であるものに限る。）であって，金融商品取引法第24条第1項の規定によりその発行する株式について有価証券報告書を内閣総理大臣に提出しなければならないもの

二　監査等委員会設置会社

- [ ] どのような場合，取締役会で，「報酬等の決定方針」を決定しなければならないか
- [ ] どういった機関構成の会社が，この規制にかかるのか

第2節 株主総会における決議事項等に関する規律の見直し

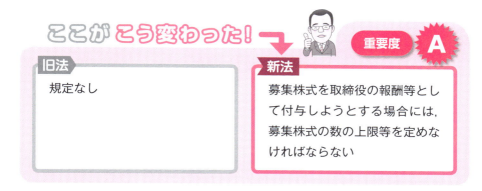

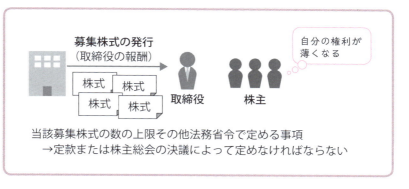

取締役に報酬として株式を発行することはできますが，この**報酬の株式数が膨大だった場合，今の株主に不利益が生じます（持株比率の低下，株価の低下）**。

そして，報酬としての株式数に上限が設けられていなかったため，株主側から透明性を確保してほしいという要望が強く出ていました。

そこで，改正法においては，**株式会社が当該株式会社の募集株式を取締役の報酬等として付与しようとする場合には，当該募集株式の数の上限等を定款または株主総会の決議によって定めなければならない**ことにしました。

（これは，募集新株予約権を取締役の報酬等として付与する場合も同様で，募集新株予約権の数の上限等を定款または株主総会の決議によって定めなければなりません）

どのような場合に	何を	どのように定めなければならないか
募集株式を取締役の報酬等として付与しようとする場合	当該募集株式の数の上限その他法務省令で定める事項 (361 I ③, ⑤イ)	定款または株主総会の決議
募集株式と引換えにする払込みに充てるための金銭を取締役の報酬等として付与しようとする場合		

上記の図でいうところの，法務省令で定める事項とは，下記の内容を指します。

▶条文Check!

会社法施行規則第98条の2（取締役の報酬等のうち株式会社の募集株式について定めるべき事項）

・一定の事由が生ずるまで当該募集株式を他人に譲り渡さないことを取締役に約させることとするときは，その旨及び当該一定の事由の概要

・一定の事由が生じたことを条件として当該募集株式を当該株式会社に無償で譲り渡すことを取締役に約させることとするときは，その旨及び当該一定の事由の概要

・上記に掲げる事項のほか，取締役に対して当該募集株式を割り当てる条件を定めるときは，その条件の概要

下記の図を見てください。これが，報酬として予定されている株式の形態です。

---

① **事前交付型**
　株式（譲渡しに制限あり）を交付
　・条件成就　　　　　→　制限が解除される
　・条件成就できず　→　会社が無償取得

② **事後交付型**
　職務執行を提供　→　割当日に株式を交付

たとえば，「売り上げを10％向上したら，株式を報酬にする」内容にする場合，業績を達成したあとに，株式を交付するパターンと，

株式を先に交付（ただし，譲渡しができない）し，条件が成就できたら譲渡しができるようにするパターンがあります（もし業績が達成できなければ，株式は会社が巻き上げます）。

以上をふまえて，前記の会社法施行規則98条の2を見てください。

ここが こう変わった！ 重要度 B

旧法	新法
・不確定額である報酬等 ・金銭でない報酬等 →株主総会に議案を提出した取締役は，当該株主総会において，当該事項を相当とする理由を説明しなければならない	取締役の報酬等を定める議案を株主総会に提出した取締役は，当該株主総会において，当該事項を相当とする理由を説明しなければならない（361 Ⅳ）

　従来は「1年間の報酬は，以下の計算式で定める」「1年間の報酬は，会社の…を与える」という場合には，なぜそのような内容にしたのかを説明していたのですが，「1年間の報酬は，400万円」という確定した金額で決める場合では，なぜその金額にしたのかの理由を説明する必要はありませんでした。

　報酬等の内容の透明性の向上が求められてきたため，確定額である金銭の報酬等であっても説明すべきと改正することにしました。

　そこで，今回の改正法においては，確定額である金銭の報酬等に関する事項を定め，またはこれを改定する議案を株主総会に提出した取締役は，当該株主総会において，当該事項を相当とする理由を説明しなければならないことにしたのです。

▶条文Check!

第361条（取締役の報酬等）

取締役の報酬，賞与その他の職務執行の対価として株式会社から受ける財産上の利益（以下この章において「報酬等」という。）についての次に掲げる事項は，定款に当該事項を定めていないときは，株主総会の決議によって定める。

一　報酬等のうち額が確定しているものについては，その額

二　報酬等のうち額が確定していないものについては，その具体的な算定方法

三　報酬等のうち当該株式会社の募集株式（第199条第1項に規定する募集株式をいう。以下この項及び第409条第3項において同じ。）については，当該募集株式の数（種類株式発行会社にあっては，募集株式の種類及び種類ごとの数）の上限その他法務省令で定める事項

四　報酬等のうち当該株式会社の募集新株予約権（第238条第1項に規定する募集新株予約権をいう。以下この項及び第409条第3項において同じ。）については，当該募集新株予約権の数の上限その他法務省令で定める事項

五　報酬等のうち次のイ又はロに掲げるものと引換えにする払込みに充てるための金銭については，当該イ又はロに定める事項

　　イ　当該株式会社の募集株式　取締役が引き受ける当該募集株式の数（種類株式発行会社にあっては，募集株式の種類及び種類ごとの数）の上限その他法務省令で定める事項

　　ロ　当該株式会社の募集新株予約権　取締役が引き受ける当該募集新株予約権の数の上限その他法務省令で定める事項

六　報酬等のうち金銭でないもの（当該株式会社の募集株式及び募集新株予約権を除く。）については，その具体的な内容

2～3　（省略）

4　第1項各号に掲げる事項を定め，又はこれを改定する議案を株主総会に提出した取締役は，当該株主総会において，当該事項を相当とする理由を説明しなければならない。

5～6　（省略）

7　次に掲げる株式会社の取締役会は，取締役（監査等委員である取締役を除く。以下この項において同じ。）の報酬等の内容として定款又は株主総会の決議による第1項各号に掲げる事項についての定めがある場合には，当該定めに基づく取締役の個人別の報酬等の内容についての決定に関する方針として法務省令で定める事項を決定しなければならない。ただし，取締役の個人別の報酬等の内容が定款又は株主総会の決議により定められているときは，この限りでない。

一　監査役会設置会社（公開会社であり，かつ，大会社であるものに限る。）であって，金融商品取引法第24条第１項の規定によりその発行する株式について有価証券報告書を内閣総理大臣に提出しなければならないもの
二　監査等委員会設置会社

 これが説明できるようにしよう

☐　募集株式を取締役の報酬等として付与しようとする場合，何を，どのように決めておく必要があるか

　次のページに，報酬についての横断整理の図表を入れます（赤字部分が改正部分です）。これを使って，知識の整理をしてください。

◆ 報酬等に関する横断整理 ◆

	報酬を定める方法	全員の報酬の総額は定めてあるが，各役員の具体的な報酬等について定款の定め又は株主総会決議がない場合
取締役 清算人 (361・482Ⅳ) (注1)	定款に定めがない場合にあっては，株主総会決議により定める(注2)	取締役会の決定にゆだねることもできる (最判昭60.3.26)(注3)
会計参与 (379) (注1)	定款にその額を定めていないときは，株主総会決議により報酬等を定める	会計参与の協議によって定める
監査役 (387)		監査役の協議によって定める
監査等委員である各取締役 (361Ⅲ)	定款にその額を定めていないときは，株主総会決議により報酬等を定める	監査等委員である取締役の協議によって定める
会計監査人 仮会計監査人 (399)	取締役は，会計監査人又は一時会計監査人の職務を行うべき者の報酬等を定める場合には，監査役（監査役が2人以上ある場合にあっては，その過半数）の同意を得なければならない ・監査役会設置会社では監査役会の同意 ・監査等委員会設置会社では監査等委員会の同意 ・指名委員会等設置会社では監査委員会の同意が必要	

(注1) 指名委員会等設置会社にあっては，執行役及び取締役（会計参与設置会社にあっては，執行役，取締役及び会計参与）の個人別の報酬等の内容の決定権限は，報酬委員会にある(404Ⅲ)。

　もし，執行役が指名委員会等設置会社の支配人その他の使用人を兼ねているときは，当該支配人その他の使用人の報酬等の内容についても，報酬委員会が決定する(404Ⅲ)。

(注2) 取締役の報酬等を定める議案を株主総会に提出した取締役は，当該株主総会において，当該事項を相当とする理由を説明しなければならない(361Ⅳ)。

(注3) 次に掲げる株式会社の取締役会は，取締役の個人別の報酬等の内容についての決定に関する方針として法務省令で定める事項を決定しなければならない（361Ⅶ）。

　・監査役会設置会社（公開会社であり，かつ，大会社であるものに限る。）であって，金融商品取引法24条1項の規定によりその発行する株式について有価証券報告書を内閣総理大臣に提出しなければならないもの

　・監査等委員会設置会社

第3節 取締役の報酬等である株式・新株予約権に関する特則

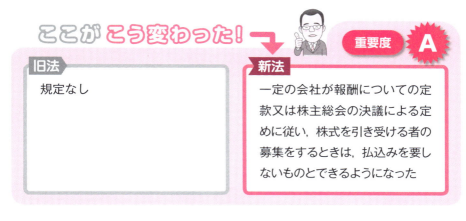

旧法
規定なし

新法
一定の会社が報酬についての定款又は株主総会の決議による定めに従い，株式を引き受ける者の募集をするときは，払込みを要しないものとできるようになった

重要度 A

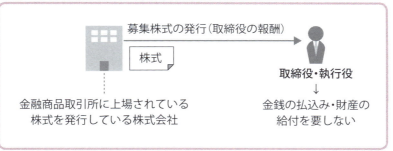

　近年，取締役の報酬にその会社の株式を与えることが多くの会社で行われています。取締役としては，価値が上がっている自社の株式を手にいれることは経済的なメリットが大きく，また，取締役が株主になることによって，株主の立場になって経営することが期待されているのです。

　ただ，今まで株式を報酬で与える場合の法制度がなかったため，今回，法整備をしています。
　具体的には，どのような会社でも認められるわけではなく，いわゆる**上場している企業に限って認めます。上場会社以外の株式会社の株式については，市場株価が存在しないため，妥当な金額を算定することが難しいためです。**

そのときに募集株式発行手続きで，初めに決める募集事項についても改正がされています。次の図を見てください。

◆ 募集株式の発行等をする場合における決議事項 ◆

株主割当以外の場合	募集事項（下記の①〜⑤） ①募集株式の数（種類株式発行会社にあっては，募集株式の種類及び数） ②募集株式の払込金額（募集株式1株と引換えに払い込む金銭又は給付する金銭以外の財産の額をいう）又はその算定方法（注） ③金銭以外の財産を出資の目的とするときは，その旨並びに当該財産の内容及び価額 ④募集株式と引換えにする金銭の払込み又は③の財産の給付の期日又はその期間（注） ⑤株式を発行するときは，増加する資本金及び資本準備金に関する事項
株主割当の場合	上記①〜⑤（募集事項）に加え， ⑥株主に対し，募集株式（種類株式発行会社にあっては，当該株主の有する種類の株式と同一の種類のもの）の割当てを受ける権利を与える旨 ⑦募集株式の引受けの申込みの期日

（注）②④を定めない場合

②（払込金額） ④（払込期日） を定めることを要しない場合	・金融商品取引法2条16項に規定する金融商品取引所に上場されている株式を発行している株式会社 ・報酬についての定款又は株主総会の決議による定めに従い，株式を引き受ける者の募集をするとき
代わりに定めるべき事項	①取締役の報酬等として当該募集に係る株式の発行又は自己株式の処分をするものであり，募集株式と引換えにする金銭の払込み又は財産の給付を要しない旨 ②募集株式を割り当てる日（割当日）

　上記の（注）のとおり，募集株式と引換えにする金銭の払込みを要しない旨，および**募集株式を割り当てる日を定める必要があります。**

▶条文 Check!

> **第202条の2（取締役の報酬等に係る募集事項の決定の特則）**
>
> 金融商品取引法第2条第16項に規定する金融商品取引所に上場されている株式を発行している株式会社は，定款又は株主総会の決議による第361条第1項第3号に掲げる事項についての定めに従いその発行する株式又はその処分する自己株式を引き受ける者の募集をするときは，第199条第1項第2号及び第4号に掲げる事項を定めることを要しない。この場合において，当該株式会社は，募集株式について次に掲げる事項を定めなければならない。
>
> 　一　取締役の報酬等（第361条第1項に規定する報酬等をいう。第236条第3
> 　　　項第1号において同じ。）として当該募集に係る株式の発行又は自己株式の処
> 　　　分をするものであり，募集株式と引換えにする金銭の払込み又は第199条第
> 　　　1項第3号の財産の給付を要しない旨
> 　二　募集株式を割り当てる日（以下この節において「割当日」という。）
>
> 2　前項各号に掲げる事項を定めた場合における第199条第2項の規定の適用については，同項中「前項各号」とあるのは，「前項各号（第2号及び第4号を除く。）及び第202条の2第1項各号」とする。この場合においては，第200条及び前条の規定は，適用しない。
>
> 3　指名委員会等設置会社における第1項の規定の適用については，同項中「定款又は株主総会の決議による第361条第1項第3号に掲げる事項についての定め」とあるのは「報酬委員会による第409条第3項第3号に定める事項についての決定」と，「取締役」とあるのは「執行役又は取締役」とする。

◆ 株主となる時期 ◆

	「払込期日」を定めた場合	「払込期間」を定めた場合	取締役の報酬等として株式の発行又は自己株式の処分をする場合
株主となる時期	払込期日	出資の履行をした日	割当日

　株主になる時期についても，改正が行われています。

　報酬として株式を受け取る場合には，払込みがないため，従来の「払込期日」「出資の履行をした日」に株主になるという条文が適用できません。

　改正法では，**募集事項で定めた割当日に株主になる**ことを規定しています。

▶条文 Check!

第209条（株主となる時期等）
募集株式の引受人は，次の各号に掲げる場合には，当該各号に定める日に，出資の履行をした募集株式の株主となる。
　一　第199条第1項第4号の期日を定めた場合　当該期日
　二　第199条第1項第4号の期間を定めた場合　出資の履行をした日
2～3　（省略）
　4　第1項の規定にかかわらず，第202条の2第1項後段の規定による同項各号に掲げる事項についての定めがある場合には，募集株式の引受人は，割当日に，その引き受けた募集株式の株主となる。

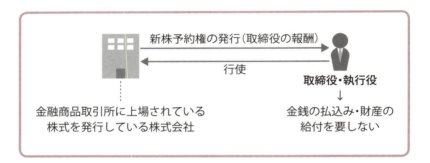

　取締役への報酬として，新株予約権を交付することも明文で認めることにしました。株式の場合と同様に，**一定の条件をクリアー**すれば，**新株予約権の行使を無償で行える**ようになりました。

　具体的には，**上場企業等であり**，当該新株予約権の行使に際してする金銭の払込みまたは236条1項3号の**財産の給付を要しない旨**および**取締役（取締役であった者を含む）以外の者は，当該新株予約権を行使することができない旨**を新株予約権の内容として定めることです。

▶条文 Check!

第236条（新株予約権の内容）

株式会社が新株予約権を発行するときは，次に掲げる事項を当該新株予約権の内容としなければならない。

1～2 （省略）

3　金融商品取引法第2条第16項に規定する金融商品取引所に上場されている株式を発行している株式会社は，定款又は株主総会の決議による第361条第1項第4号又は第5号ロに掲げる事項についての定めに従い新株予約権を発行するときは，第1項第2号に掲げる事項を当該新株予約権の内容とすることを要しない。この場合において，当該株式会社は，次に掲げる事項を当該新株予約権の内容としなければならない。

一　取締役の報酬等として又は取締役の報酬等をもってする払込みと引換えに当該新株予約権を発行するものであり，当該新株予約権の行使に際してする金銭の払込み又は第1項第3号の財産の給付を要しない旨

二　定款又は株主総会の決議による第361条第1項第4号又は第5号ロに掲げる事項についての定めに係る取締役（取締役であった者を含む。）以外の者は，当該新株予約権を行使することができない旨

◆ 募集株式の発行・募集新株予約権の発行・新株予約権の行使の比較 ◆

		募集株式の発行	募集新株予約権の発行	新株予約権の行使
有償・無償の別		有償（199Ⅰ②）（注1）	無償も可（238Ⅰ②）	有償（236Ⅰ②）（注1）
有償の場合の払込期日・払込期間の定め		必要的（199Ⅰ④）	任意的（238Ⅰ⑤）	定める必要なし（281Ⅰ，Ⅱ）（注2）
現物給付現物出資	できる場合	発行決議で定めていれば可（199Ⅰ③）	株式会社の承諾を得れば可（246Ⅱ）	発行決議で定めていれば可（236Ⅰ③）
	検査役の調査	原則，必要（207）	不要	原則，必要（284）
引受人・新株予約権者側からの相殺		不可（208Ⅲ）	株式会社の承諾を得れば可（246Ⅱ）	不可（281Ⅲ）
効力発生日		払込期日・出資履行日・割当日（209Ⅰ）	割当日（245Ⅰ）	新株予約権行使日（282Ⅰ）
自己株式（自己新株予約権）の処分		募集株式の発行と同一の規制に服する（199Ⅰ）	特段の手続規制は存在しない	自己新株予約権を行使することはできない（280Ⅵ）
取締役（取締役会）に募集事項の決定を委任する場合に，株主総会の特別決議により定めるべき事項		募集株式の数の上限及び払込金額の下限（200Ⅰ）。	①その委任に基づいて募集事項の決定をすることができる募集新株予約権の内容及び数の上限 ②①の募集新株予約権につき金銭の払込みを要しないこととする場合には，その旨 ③募集新株予約権につき金銭の払込みを要することとする場合は，払込金額の下限（239Ⅰ各号）	
株主割当以外で種類株主総会決議が必要な場合		募集株式が譲渡制限株式である場合（199Ⅳ・200Ⅳ・324Ⅱ②）	募集新株予約権の目的である株式の種類の全部又は一部が譲渡制限株式であるとき（238Ⅳ・324Ⅱ③）（注4）	

	募集株式の発行	募集新株予約権の発行	新株予約権の行使
割当決議及び総数引受け契約の承認決議が必要な場合（注3）	株主割当以外で募集株式が譲渡制限株式の場合	株主割当以外で ①募集新株予約権の目的である株式の全部又は一部が譲渡制限株式である場合 ②募集新株予約権が譲渡制限新株予約権である場合	

（注1）株式・新株予約権が取締役の報酬等である場合には，財産の給付を要しない（202の2 I ①）（236 Ⅲ ①）。
（注2）ただし，新株予約権を行使することができる期間は定めなければならず（236 I ④），その期間内に新株予約権を行使し，当該新株予約権行使日に出資の履行をしなければならない（281 I，Ⅱ）。
（注3）必要な場合には，株主総会の特別決議（取締役会設置会社にあっては，取締役会の決議）によって，当該契約の承認を受けなければならない。
（注4）譲渡制限新株予約権を発行する場合には，募集新株予約権の目的である種類の株式の種類株主を構成員とする種類株主総会の決議を要しない（238Ⅳ参照，松井・ハンドブックP327）。

これが説明できるようにしよう

☐ 「取締役の報酬等として当該募集に係る株式の発行又は自己株式の処分をするものであり，募集株式と引換えにする金銭の払込み又は財産の給付を要しない旨」はどういった会社で定めることができるか

☐ 上記の場合，募集株式発行の効力発生日はいつか

では，報酬として株式を発行する場合の登記手続きについてみていきましょう（令和3年1月29日法務省民商第14号）。

全体の流れは次のとおりです。

定款の定め，株主総会の決議又は報酬委員会の決定

↓

募集事項の決定（取締役会による）

↓

募集株式の申込み

↓

割当て

↓

株主となる時期

↓

資本金の計上

では，ブロックごとに詳述します。

定款の定め，株主総会の決議又は報酬委員会の決定
（ア）募集株式の数（種類株式発行会社にあっては，募集株式の種類及び種類ごとの数）の上限（報酬委員会の決定による場合にあっては，当該募集株式の数） （イ）一定の事由が生ずるまで募集株式を他人に譲り渡さないことを取締役等に約させるときは，その旨及び当該一定の事由の概要（報酬委員会の決定による場合にあっては，一定の事由） （ウ）一定の事由が生じたことを条件として募集株式を株式会社に無償で譲り渡すことを取締役等に約させるときは，その旨及び当該一定の事由の概要（報酬委員会の決定による場合にあっては，一定の事由） （エ）（イ），（ウ）のほか，取締役等に対して募集株式を割り当てる条件を定めるときは，その条件の概要（報酬委員会の決定による場合にあっては，その条件）
＜添付書類＞ 　定款又は定款に当該定めがない場合には株主総会の議事録及び株主リスト若しくは報酬委員会の決定を証する書面（令和3年1月29日民商14号）
＜審査＞ 　上場会社であることについては，登記記録等から非公開会社でないことを確認することをもって足りる

　定款の定め，株主総会の決議又は報酬委員会の決定で，数の上限等を決めていないと報酬として株式発行ができません。その決定をしていることを，定款又は定款に当該定めがない場合には株主総会の議事録及び株主リスト若しくは報酬委

員会の決定を証する書面で立証します。

　また，報酬としての株式発行はいわゆる上場企業でしか許されませんが，**上場しているかどうかの積極的な審査をすることはなく，登記簿上で非公開会社かどうかだけで判断します。登記官は，申請書・登記簿・添付書類からしか審査できないためです。**

募集事項の決定（取締役会による）
・募集株式の払込金額又はその算定方法 　募集株式と引換えにする金銭の払込み等の期日又は期間を定めることを要しない ・次の事項を定めなければならない 　（ア）取締役等の報酬等として募集株式の発行又は自己株式の処分をするものであり，募集株式と引換えにする金銭の払込み又は現物出資財産の給付を要しない旨 　（イ）募集株式を割り当てる日（以下「割当日」という。） ・募集株式の払込金額又はその算定方法を定めることを要しないため，払込金額が特に有利な金額である場合における株主総会の特別決議を要しない。（令和3年1月29日民商14号）
＜添付書類＞ 　取締役会の議事録

　次に，募集事項の決定をして，発行条件を決めるのですが，報酬として決議する場合には，割当日を決めることが必要になります。
　そして，募集事項を決めたことを立証するために取締役会議事録を添付します。

　募集株式発行は，非公開会社や，有利発行の場合には株主総会の決議が必要ですが，**報酬として株式発行をするときは，株主総会決議が必要になることはありえません。**
　報酬で株式発行をできるのは，上場企業だけなので，非公開会社であることはありえませんし，報酬として株式発行をすることは有利発行にはあたらないからです（有利発行は，払込金額が有利な場合の規制であり，報酬として株式発行をする場合は，そもそも払込金額を定めないので，有利発行とは扱われないのです）。

募集株式の申込み
取締役等（取締役等であった者を含む。）以外の者は，募集株式の申込みをし，又は総数引受契約を締結することができない（205Ⅲ，Ⅴ）。
＜添付書類＞ 　募集株式の引受けの申込み又は総数の引受けを行う契約を証する書面

　その後，報酬として株式を欲する旨の申込みをすることになりますが，**この申込みは取締役等（取締役等であった者を含む。）以外の者はできません。**取締役の報酬として株式発行をするのですから，無関係者に申込みを認めるわけにはいかないからです。

割当て
募集株式が譲渡制限株式である場合には，募集株式の割当ての決定又は総数の引受けを行う契約の承認は，定款に別段の定めがある場合を除き，取締役会の決議による（204Ⅱ，205Ⅱ）。
＜添付書類＞ 　募集株式が譲渡制限株式であるときは，割当ての決定又は総数の引受けを行う契約の承認に係る取締役会の議事録

　次に，申込みに対して割当てをすることになりますが，募集株式が譲渡制限株式の場合には，**割当決議を取締役会決議で行うことになり，取締役会議事録を添付します。**

　一般論では，割当決議は株主総会（取締役会設置会社では取締役会決議）となっていますが，取締役の報酬としての株式発行は，上場企業のみ行えるため，公開会社です。公開会社は取締役会を置くことが義務なので，取締役会決議で行います。

株主となる時期
募集株式の引受人は，割当日に株主になる（209Ⅳ）。

　取締役の報酬としての株式発行の場合には，払込みという概念がないため，募集事項で定めた割当日に効力が生じます。

資本金の計上

<添付書類>
資本金の額が増加する場合には、資本金の額が会社法及び会社計算規則の規定に従って計上されたことを証する書面(商登規61Ⅸ)

取締役の報酬として株式を発行した場合、資本金が増加することがあります。取締役は払込みをしていないのだから、資本金が増えないような感じがしますが、下記のようなイメージで考えてください。

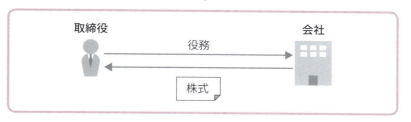

取締役は、会社で働きますが、ここを「役務を提供した」と考えるのです。役務の提供をして（ここが出資）、株式を発行したので、資本金が増加するのです。

いつ資本金が増加するのか、何を登記するかは、その報酬が先に説明した「事後交付型」か「事前交付型」かで異なってきます。

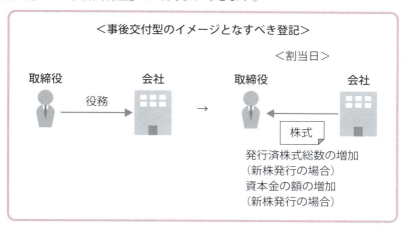

取締役が役務を先に提供し、その対価として、株式を発行する場合（働いた分をあとで株式で払う）が事後交付型です。役務提供後に、株式を発行するのです。この場合、**割当日に発行済株式総数が増加、資本金が増加します**（自己株式を

交付しない場合)。

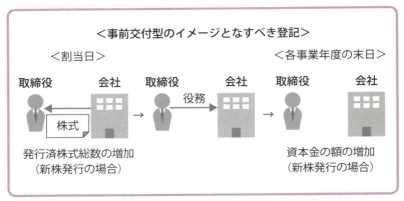

　これは、取締役が先に株式の交付を受けて、その後、役務を提供し、事業年度の末日に資本金を増加するというパターンです（先に株式を渡して、働いて払ってもらう）。
　先に株式の交付を受けますが、「条件が成就するまでは、譲渡しはできない」という縛りをつけておくことが想定されています。

　この場合、**割当日の時点で発行済株式総数が増加し、株主資本変動日（毎事業年度末日及び臨時決算日）に資本金が増加**します。
　そのため、**このパターンでは２回の登記申請が必要**です。
　割当日の時点で発行済株式総数の増加の変更登記をして、株主資本変動日に資本金の額の増加の変更登記をすることになるのです。

　以上をまとめると、次のような表になります。

◆ 令和3年1月29日法務省民商第14号 ◆

	事前交付型	事後交付型
意義	株式割当後に役務を提供する場合	株式割当前に役務を提供する場合
資本が増加する日	株主資本変動日 ＝各事業年度の末日（臨時計算書類を作成しようとし，又は作成した場合にあっては臨時決算日）	割当日
資本金の計算式	aの額からbの額を減じて得た額に株式発行割合を乗じて得た額（零未満である場合にあっては，零。以下「資本金等増加限度額」という。） a （a)の額から(b)の額を減じて得た額 (a)取締役等が当該株主資本変動日までにその職務の執行として株式会社に提供した募集株式を対価とする役務の公正な評価額 (b)取締役等が当該株主資本変動日の直前の株主資本変動日までにその職務の執行として株式会社に提供した募集株式を対価とする役務の公正な評価額 b 募集株式の交付に係る費用の額のうち，株式会社が資本金等増加限度額から減ずるべき額と定めた額	aの額からbの額を減じて得た額に株式発行割合を乗じて得た額（零未満である場合にあっては，零。以下「資本金等増加限度額」という。） a 割当日における取締役等がその職務の執行として提供した役務の公正な評価額の帳簿価額（減少すべき株式引受権の額。計算規54の2Ⅱ） b 募集株式の交付に係る費用の額のうち，株式会社が資本金等増加限度額から減ずるべき額と定めた額
	※2分の1を超えない額は，資本金として計上せず，資本準備金とすることができる（計算規42の2Ⅰ～Ⅲ，42の3Ⅰ～Ⅲ）。	

　資本金の計算式はかなり難しいところなので，ざっくりした理解にとどめておきましょう。

　事後交付型は，（取締役等の提供した役務の帳簿価額－費用）×株式発行割合です。

　事前交付型は，（今までの取締役等の提供した役務の帳簿価額－昨年までの取締役等の提供した役務の帳簿価額費用）×株式発行割合

ぐらいの理解で，とどめておきましょう。

　　その年の役務の分だけ資本金が増える内容になっています。

　ちなみに，計算式の中の（－費用），（×株式発行割合）という点は，一般の募集株式発行の場合と同様です。

　では，次に登記手続きについてまとめてみましょう。

◆ 取締役等の報酬等である募集株式の発行による変更の登記の手続 ◆

（令和3年1月29日法務省民商第14号）

	事前交付型	事後交付型
登記期間	募集株式の発行により発行済み株式の総数並びにその種類及び種類ごとの数に変更があったとき（注）	募集株式の発行により発行済み株式の総数並びにその種類及び種類ごとの数並びに資本金の額（増加する場合に限る。）に変更があったとき
	割当日から2週間以内	
登記すべき事項	・発行済み株式の総数並びにその種類及び種類ごとの数 ・資本金の額（資本金の額が増加する場合に限る。） ・変更年月日	
登録免許税	資本金の額の増加を伴わない場合 →申請1件につき3万円（登録免許税法別表第一第24号（1）ツ）。 資本金の額の増加を伴う場合 →増加した資本金の額の1000分の7（これによって計算した税額が3万円に満たないときは，申請件数1件につき3万円）（登録免許税法別表第一第24号（1）ニ） ※発行済株式の総数の変更の登記については，資本金の額の変更の登記と同時に申請される限り，別途登録免許税を納付する必要はない	

（注）事前交付型の場合であって，資本金の額が増加する場合における資本金の額の増加については，株主資本変動日から2週間以内に，本店の所在地において変更の登記をしなければならない。

　事後交付型は，一般の募集株式発行と同じように見ればいいでしょう（効力発生日が割当日という点に注意してください）。

　事前交付型は，**まず割当日に発行済株式総数のみを登記します。**ここでは，資

本金を登記せず，登録免許税はツとして課税されます。

　その後，**株主資本変動日に資本が増加したタイミングで，資本金について登記申請**することになります。

　では次に，報酬として新株予約権を交付した場合について見てみましょう。

（令和3年1月29日法務省民商第14号）

新株予約権	第1回新株予約権 　新株予約権の数 　　〇〇個 　新株予約権の目的たる株式の種類及び数又はその算定方法 　　普通株式〇〇株 　募集新株予約権の払込金額若しくはその算定方法又は払込を要しないとする旨 　　無償 　新株予約権の行使に際して出資される財産の価額又はその算定方法 　　出資を要しない 　新株予約権を行使することができる期間 　　令和〇〇年〇〇月〇〇日まで 　新株予約権の行使の条件 　　令和〇〇年〇〇月〇〇日付け株主総会決議による会社法第361条第1項第4号に掲げる事項についての定めに係る取締役（取締役であった者を含む。）以外の者は，この新株予約権を行使することができない。
	令和〇〇年〇〇月〇〇日発行
	令和〇〇年〇〇月〇〇日登記

　登記すべき事項は，通常の新株予約権の登記事項と同じですが，**当該新株予約権の行使に際して出資される財産の価額又はその算定方法は登記されません**。新株予約権の行使の際に払込みがいらないのが，取締役の報酬となるからです。

　また，下記の内容も登記事項となっています。

・取締役等の報酬等として又は取締役等の報酬等をもってする払込みと引換えに新株予約権を発行するものであり，新株予約権の行使に際してする金銭の払込み分は現物出資財産の給付を要しない旨

・**取締役等（取締役等であった者を含む）以外の者は，当該新株予約権を行使**

することができない旨

◆ 添付書面（令和3年1月29日法務省民商第14号）◆

(ア) 定款又は定款に当該定めがない場合には株主総会の議事録及び株主リスト若しくは報酬委員会の決定を証する書面
(イ) 募集事項の決定に係る取締役会の議事録
(ウ) 募集新株予約権の引受けの申込み又は総数の引受けを行う契約を証する書面
(エ) 取締役等の報酬等をもってする払込みと引換えに新株予約権を発行する場合において，払込期日を定めたとき（割当日より前の日であるときに限る。）は，払込み（金銭以外の財産の給付又は会社に対する債権をもってする相殺を含む。）があったことを証する書面
(オ) 譲渡制限株式を目的とする新株予約権又は譲渡制限新株予約権であるときは，割当ての決定又は総数の引受けを行う契約の承認に係る取締役会の議事録

通常の募集新株予約権の発行の登記と同じですが，

・前提として上限などを決めた「定款又は定款に当該定めがない場合には株主総会の議事録及び株主リスト若しくは報酬委員会の決定を証する書面」が必要な点
・募集事項の決定や，割当ての決定機関が取締役会になっている点（公開会社で取締役会を設置しているから）

に注目してください。

これが説明できるようにしよう

☐ 事前交付型，事後交付型とはどういうものか
☐ 事前交付型，事後交付型で，登記するタイミングはいつか。登記する内容は何か

第2章 会社補償に関する規律の整備

ここが こう変わった！

重要度 C

旧法
規定なし

新法
補償契約・役員等賠償責任保険契約について、明文規定を設け、利益相反と同様の規制を課すことにした

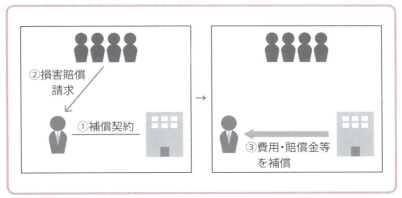

　役員等が、責任の追及に係る請求を受けたときに、「その請求の防御をするための経費がかかった」「負けた時の賠償金を払うことになった」とします。

　この場合、事前に会社と「上記の費用がかかったら、そのお金を会社が補償する」という契約ができます。

　これが会社補償と呼ばれるもので、
・役員等として優秀な人材を確保する
・責任を負うことを過度に恐れることによりその職務の執行が萎縮することが

ないようにする
ための仕組みとして，採用されています。

ただ，これによって，**役員等の職務の執行の適正性が損なわれたり，会社補償には役員等と株式会社との利益が相反したり**するおそれもあります。

そこで，改正法においては，**会社補償をするための手続きを明確にするため**，補償契約に関する規定を設けることにしました。

もう1つ，同じような趣旨で運用されている制度があります。次の図を見てください。

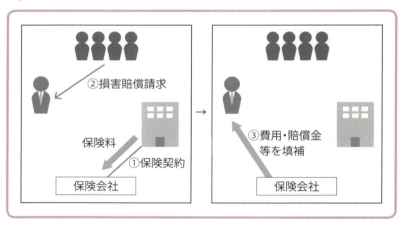

会社役員賠償責任保険（D＆O保険），というものがあります。これは，事前に会社が保険料を支払っておき，取締役が損害賠償請求を受けたら，その費用・賠償金等を保険会社から填補するという保険の仕組みです。

これも，先ほどの補償契約と同じく
・役員等として優秀な人材を確保する
・責任を負うことを過度に恐れることによりその職務の執行が萎縮することがないようにする

制度として，上場会社を中心に広く普及しています。

ただ，改正前の会社法においては，この仕組みについての規定がなかったために，今回の改正で**役員等のために締結される賠償責任保険契約に関する規定を設**

けることにしました。

この補償契約に関する規制，役員等賠償責任保険契約に関する規制は非常に似通っています。次の図を見てください。

	補償契約	役員等賠償責任保険契約
契約の内容の決定	株主総会（取締役会設置会社にあっては，取締役会）の決議（430の2Ⅰ）	株主総会（取締役会設置会社にあっては，取締役会）の決議（430の3Ⅰ）
取締役または執行役に委任すること	不可 （399の13Ⅴ⑫，416Ⅳ⑭）	不可 （399の13Ⅴ⑬，416Ⅳ⑮）
利益相反の規定の適用	株式会社と取締役または執行役との間の補償契約については，利益相反取引規制を適用しない（430の2Ⅵ）	役員等のために締結される保険契約であって，取締役または執行役を被保険者とするものについては，利益相反取引規制を適用しない（430の3Ⅱ）

補償契約・役員等賠償責任保険契約には，**「取締役がプラスになり，会社にマイナスが起きる」という利益相反の面**があります。そのため，この契約を行うには，利益相反取引の承認と同じ機関での決議を要求することにしました。

また，監査等委員会設置会社および指名委員会等設置会社においては，取締役会は，利益相反取引の承認を取締役または執行役に委任することができないこととされているため，この補償契約・役員等賠償責任保険契約においても，取締役または執行役に委任することを認めません。

そして，この補償契約・役員等賠償責任保険契約について，利益相反と同じような規制を課すので，これとは別に利益相反取引による規制を別途課さないことも明文で規定しています。

▶条文 Check!

第430条の3（役員等のために締結される保険契約）

株式会社が，保険者との間で締結する保険契約のうち役員等がその職務の執行に関し責任を負うこと又は当該責任の追及に係る請求を受けることによって生ずることのある損害を保険者が塡補することを約するものであって，役員等を被保険者とするもの（当該保険契約を締結することにより被保険者である役員等の職務の執行の適正性が著しく損なわれるおそれがないものとして法務省令で定めるものを除く。第3項ただし書において「役員等賠償責任保険契約」という。）の内容の決定をするには，株主総会（取締役会設置会社にあっては，取締役会）の決議によらなければならない。

2　第356条第1項及び第365条第2項（これらの規定を第419条第2項において準用する場合を含む。）並びに第423条第3項の規定は，株式会社が保険者との間で締結する保険契約のうち役員等がその職務の執行に関し責任を負うこと又は当該責任の追及に係る請求を受けることによって生ずることのある損害を保険者が塡補することを約するものであって，取締役又は執行役を被保険者とするものの締結については，適用しない。

3　民法第108条の規定は，前項の保険契約の締結については，適用しない。ただし，当該契約が役員等賠償責任保険契約である場合には，第1項の決議によってその内容が定められたときに限る。

これが説明できるようにしよう

- [ ] 補償契約，役員等賠償責任保険契約とは何か
- [ ] 契約内容の決定は，どの機関の決議で行うか
- [ ] 契約内容の決定を，取締役・執行役に委任できるか

第3章 社外取締役の活用等

改正のポイント

- 社外取締役が業務執行をしても、社外性を失わない場合を認めた
- 一定の会社では、社外取締役を置くことが義務になった

第1節 業務執行の社外取締役への委託

重要度 A

旧法
社外取締役が、業務を執行した場合には、社外性を失う

新法
株式会社と取締役との利益相反状況がある場合等において、取締役会が社外取締役に委託した業務については、社外取締役がこれを執行したとしても、社外性を失わない

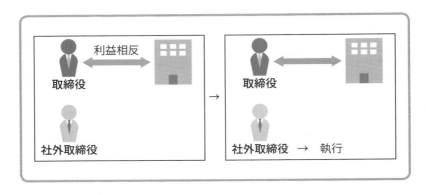

　取締役が債務者となって，会社が設定者になる抵当権設定契約は利益相反になります。これが適法に承認決議された場合，誰が会社の代わりに設定契約をするべきでしょうか。

　この債務者となるものが代表取締役だった場合，実務上，社外取締役が契約を実行していたようです。

　株式会社と業務執行者その他の利害関係人との利益相反の問題を回避する観点から，社外取締役がこのような行為をすることは，会社法の趣旨にかなうものといえます。
　それにもかかわらず，**このような行為をしたことが「業務を執行した」に該当するとすれば，この社外取締役が，社外取締役の要件を満たさなくなってしまい，妥当ではありません。**

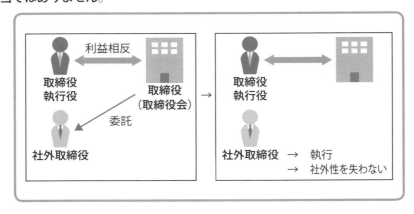

そこで，改正法においては，当該株式会社と取締役または執行役との利益が相反する状況にあるときには，その都度，取締役会の決議によって，当該株式会社の業務を執行することを社外取締役に委託することができることとするとともに，これにより委託された業務の執行をしたときであっても，社外取締役の要件を満たさないこととならない旨を規定上明確にしました。

		株式会社（指名委員会等設置会社を除く。）が社外取締役を置いている場合	指名委員会等設置会社
委託できる状況		・会社と取締役（執行役）との利益が相反する状況にあるとき ・その他取締役（執行役）が会社の業務を執行することにより株主の利益を損なうおそれがあるとき	
委託決議機関		取締役の決定（取締役会設置会社にあっては，取締役会の決議）（注）	取締役会の決議（注）
委託された業務の執行による社外性の喪失	原則	社外取締役は，社外性を失わない（348の2Ⅲ）	
	例外	社外取締役が業務執行取締役（指名委員会等設置会社にあっては，執行役）の指揮命令により当該委託された業務を執行したとき（348の2Ⅲ但書）	

（注）この委託をするためには，その都度，取締役会の決議によって，委託することを要することとしている。したがって，個別の事案ごとではなく，一般的に業務を執行することを委託することはできない。

業務執行の社外取締役への委託は，どのような場面も認められているのではなく，

　・株式会社と取締役または執行役との利益が相反する状況にあるとき，

　・その他取締役または執行役が株式会社の業務を執行することにより株主の利益を損なうおそれがあるときに限り，

認められます。

また，「今回の○○の行為について，社外取締役Aに委託する」という形式の委託が許され，「今後の行為の一切を社外取締役Aに委託する」という包括的な委託は認めていません。

　個別の事案ごとに取締役会の決議を要求することにより，業務執行の社外取締

役への委託について，取締役会の監督を及ぼすためです。

そして，**社外取締役が業務執行取締役の指揮命令により業務を執行した場合は，業務執行者からの独立性が疑われる者は社外取締役となることができないという2条15号イの趣旨に反するため，**そのようなときは，当該社外取締役は，社外取締役の要件が失われることとしています。

▶条文Check!

第348条の2（業務の執行の社外取締役への委託）
株式会社（指名委員会等設置会社を除く。）が社外取締役を置いている場合において，当該株式会社と取締役との利益が相反する状況にあるとき，その他取締役が当該株式会社の業務を執行することにより株主の利益を損なうおそれがあるときは，当該株式会社は，その都度，取締役の決定（取締役会設置会社にあっては，取締役会の決議）によって，当該株式会社の業務を執行することを社外取締役に委託することができる。
2　指名委員会等設置会社と執行役との利益が相反する状況にあるとき，その他執行役が指名委員会等設置会社の業務を執行することにより株主の利益を損なうおそれがあるときは，当該指名委員会等設置会社は，その都度，取締役会の決議によって，当該指名委員会等設置会社の業務を執行することを社外取締役に委託することができる。
3　前2項の規定により委託された業務の執行は，第2条第15号イに規定する株式会社の業務の執行に該当しないものとする。ただし，社外取締役が業務執行取締役（指名委員会等設置会社にあっては，執行役）の指揮命令により当該委託された業務を執行したときは，この限りでない。

これが説明できるようにしよう

☐　社外取締役に業務執行を委託する機関は？
☐　委託された業務を執行した場合に，社外性はどうなるか

　ちなみに，社外取締役への業務の執行の委託の決定は，監査等委員会設置会社において取締役会がその決議によって**取締役に委任することができない**ことにし（399の13Ⅴ⑥），指名委員会等設置会社についても，同様に，社外取締役への

業務の執行の委託の決定は，取締役会がその決議によって**執行役に委任すること
ができない**ことにしています（416Ⅳ⑥）。

　次の図表をまとめで利用してください（今回の改正で，⑥⑦⑫⑬㉕が追加され
ることになりました）。

指名委員会等設置会社の取締役会が執行役に委任することができない業務執行の決定（416Ⅳ但書）	当該監査等委員会設置会社の取締役会が取締役に委任することができない業務執行の決定（399の13Ⅴ但書）
① 株式の譲渡制限規定がある株式会社において，譲渡を承認するか否か，指定買取人を誰にするかについての決定（136・137Ⅰ・140Ⅳ）	
② 市場取引等により自己の株式を取得する場合の決議機関を取締役会とする定款規定を設けた場合における自己の株式の取得に関する事項の決定（165Ⅲ・156Ⅰ）	
③ 譲渡制限新株予約権の譲渡等承認請求を承認するか否かの決定（262・263Ⅰ）	
④ 株主総会開催の日時・場所・株主総会の目的・書面による議決権行使を認める旨・電磁的方法による議決権行使を認める旨等の決定（298Ⅰ）	
⑤ 株主総会に提出する議案（取締役，会計参与及び会計監査人の選任及び解任並びに会計監査人を再任しないことに関するものを除く。）の内容の決定（399の13⑤，416Ⅳ⑤）	
⑥ 業務の執行の社外取締役への委託（348の2Ⅰ・Ⅱ）	
	⑦ 取締役の個人別の報酬等の内容についての決定に関する方針（361Ⅶ）
⑧ 取締役及び執行役の競業及び利益相反取引の承認（365Ⅰ・356Ⅰ・419Ⅱ）	
⑨ 取締役会を招集する取締役の決定（366Ⅰ但書）	
⑩ 委員の選定及び委員の解職（400Ⅱ・401Ⅰ）	
⑪ 執行役の選任及び執行役の解任（402Ⅱ・403Ⅰ）	
⑫ 補償契約の内容の決定（430の2Ⅰ・416Ⅳ⑭）	
⑬ 役員等賠償責任保険契約の内容の決定（430の3Ⅰ・416Ⅳ⑮）	
⑭ 監査（等）委員・会社間の訴えについての，指名委員会等設置会社を代表する者の決定（408Ⅰ①，399の7Ⅰ①）	
⑮ 代表執行役の選定及び代表執行役の解職（420Ⅰ，Ⅱ）	

指名委員会等設置会社の取締役会が執行役に委任することができない業務執行の決定（416Ⅳ但書）	当該監査等委員会設置会社の取締役会が取締役に委任することができない業務執行の決定（399の13Ⅴ但書）
⑯ 426条1項の定款規定に基づく役員等の責任の，取締役会決議による一部免除の決定（426Ⅰ・423Ⅰ）	
⑰ 計算書類及び事業報告並びにこれらの附属明細書，臨時計算書類，連結計算書類の取締役会における承認（436Ⅲ・441Ⅲ・444Ⅴ）	
⑱ 中間配当をすることができる旨を定款で定めた場合に定めなければならない454条1項各号の事項の決定（454Ⅴ,Ⅰ）	
⑲ 事業譲渡等及び事後設立行為に係る契約（当該指名委員会等設置会社の株主総会の決議による承認を要しないものを除く。）の内容の決定（467Ⅰ）	
⑳ 合併契約（当該指名委員会等設置会社の株主総会の決議による承認を要しないものを除く。）の内容の決定	
㉑ 吸収分割契約（当該指名委員会等設置会社の株主総会の決議による承認を要しないものを除く。）の内容の決定	
㉒ 新設分割計画（当該指名委員会等設置会社の株主総会の決議による承認を要しないものを除く。）の内容の決定	
㉓ 株式交換契約（当該指名委員会等設置会社の株主総会の決議による承認を要しないものを除く。）の内容の決定	
㉔ 株式移転計画の内容の決定	
㉕ 株式交付計画（当該監査等委員会設置会社の株主総会の決議による承認を要しないものを除く。）の内容の決定	

第2節 社外取締役を置くことの義務づけ

ここがこう変わった！

重要度 A

旧法

事業年度の末日において監査役会設置会社（公開会社であり、かつ、大会社であるものに限る。）であって金融商品取引法第24条第1項の規定によりその発行する株式について有価証券報告書を内閣総理大臣に提出しなければならないものが社外取締役を置いていない場合には、取締役は、当該事業年度に関する定時株主総会において、社外取締役を置くことが相当でない理由を説明しなければならない

新法

左記の会社は、社外取締役を置かなければならないことにした

　社外取締役の義務化は、以前から求められてきましたが、人材難という問題があったため、義務化を避けていました。ただ、東京証券取引所の全上場会社における社外取締役の選任比率は、令和元年7月調査時点においては98.4％となったため、上記の懸念がなくなりました。

　そこで、改正法においては、上場会社等については、社外取締役による監督が保証されているというメッセージを内外に発信するため、**上場会社等には、社外取締役を置くことを義務づける**ことにしたのです。

> **＜社外取締役を置くことが義務になる会社＞**
> ・監査役会設置会社（公開会社であり，かつ，大会社であるものに限る。）であって
> ・金融商品取引法第24条第1項の規定によりその発行する株式について有価証券報告書を内閣総理大臣に提出しなければならないもの

　改正法において，社外取締役を置かなければならないこととする株式会社の類型は，改正前の327条の2の規定に基づき「社外取締役を置くことが相当でない理由」を説明しなければならない株式会社の類型と同じです。

　監査役会設置会社の中には，監査役会を任意に置いている株式会社もあり，株主数の少ない小規模な株式会社も含まれますが，そのような株式会社のすべてに社外取締役を置くことを義務づけることは酷です。

　一方，その発行する株式について有価証券報告書を提出しなければならない株式会社は，不特定多数の株主が存在するため，社外取締役による業務執行者に対する監督の必要性が特に高いと考えられます。
　そこで，改正法において，社外取締役を置くことを義務づけることとする株式会社の類型は，公開会社であり，かつ，大会社である監査役会設置会社のうち，その発行する株式について有価証券報告書の提出義務を負うものとしました。

過去問の 正 誤 はこうなる

> 会社法上の公開会社であり，かつ，大会社である監査役会設置会社は，社外取締役を置かなければならない。　　　　　　　　　　　　　［平28-30-オ］
> 　→ ✗ その発行する株式について有価証券報告書の提出義務を負うものでなければ，社外取締役の義務は課せられません。

▶条文 Check!

第327条の2（社外取締役の設置義務）
監査役会設置会社（公開会社であり、かつ、大会社であるものに限る。）であって金融商品取引法第24条第1項の規定によりその発行する株式について有価証券報告書を内閣総理大臣に提出しなければならないものは、社外取締役を置かなければならない。

これが説明できるようにしよう

☐ 社外取締役を置くことが義務づけられるのは、どういった会社か

　次のページには、改正法における機関設計の義務をまとめました。暗記の素材として利用してください。

◆ 株式会社の機関設計ルール ◆

	設置が強制される機関
公開会社	取締役会（327Ⅰ①）
取締役会設置会社	① 監査役（注1） ② 監査等委員会 ③ 指名委員会等 上記のうちいずれか（327Ⅱ）
監査役会設置会社	取締役会（327Ⅰ②）
監査等委員会 設置会社	取締役会（327Ⅰ③）
	会計監査人（327Ⅴ）
指名委員会等設置会社	取締役会（327Ⅰ④）
	会計監査人（327Ⅴ）
公開会社でない大会社（注2）	会計監査人（328Ⅱ）
公開会社である大会社（注2）	① 監査役会＋会計監査人 ② 指名委員会等＋会計監査人 ③ 監査等委員会＋会計監査人 上記のうちいずれか（327Ⅳ，Ⅴ，Ⅵ・328Ⅰ）
監査役会設置会社（公開会社，かつ， 大会社であるものに限る）（注3）	社外取締役（327の2）

（注1）公開会社でない会計参与設置会社については強制されない（327Ⅱ但書）。

（注2）大会社とは，最終事業年度に係る貸借対照表に資本金として計上した額が5億円以上であること，又は最終事業年度に係る貸借対照表の負債の部に計上した額の合計額が200億円以上であることのいずれかに該当する株式会社をいう（2⑥）
→事業年度の途中に資本金の額に変動が生じても，その時点で大会社になったり大会社でなくなったりすることはなく，それぞれの事業年度における定時株主総会において大会社の要件に該当するか否かの判断をする（相澤他・会社千問P277）。

（注3）金融商品取引法24条1項の規定によりその発行する株式について有価証券報告書を内閣総理大臣に提出しなければならないものに限る（327の2）。

第4編 社債の管理

改正のポイント
- 社債管理者を置かない場合には，社債管理補助者が置けるようになった
- 社債権者集会にみなし決議が認められるようになった

第1章 社債の管理に関する規律の見直し

ここが こう変わった！ 　重要度 B

旧法	新法
規定なし	社債管理者より，権限が小さい社債管理補助者を創設した

　会社は，社債を発行する場合には，原則として，社債管理者を定めなければなりません。

　ただ，広範な権限を適切に行使しなければならない社債管理者のなり手を確保することが難しく，また，社債管理者を委託するコストも高いため，会社は，例外規定に基づき，社債管理者を定めないことが多かったようです。

　そのような会社が債務不履行を起こしたら，どうなるのでしょう。

　この場合，各社債権者が自ら倒産手続における債権届出等をしなければなりませんが，**社債権者の中にはこういった手続きに詳しくない方が多く，混乱がたびたびあったようです。**

　そこで，**社債管理者を定めることは要しない場合であっても，第三者が社債権者のために一定の事務を行えるようにすべき**と指摘されていました。

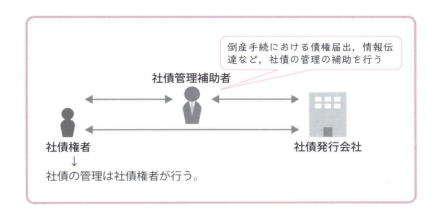

このような状況を踏まえ，改正法においては，会社が社債権者のために社債権者による社債の管理の補助を行うことを第三者に委託する制度として，社債管理補助者制度を新たに設けることにしました。

今までの社債管理者制度は，第三者である社債管理者が社債権者のために社債の管理を行う制度で，社債管理者は，社債の管理に必要な権限を包括的に有しています。

一方，今回創設する社債管理補助者制度は，**社債権者が自ら社債の管理をすることを前提として**，第三者である社債管理補助者が社債権者のために社債権者による社債の管理の補助を行う制度で，**社債管理補助者は，社債管理者よりも，その権限および裁量が限定されています。**

		社債管理者の設置	社債管理補助者の設置
当該社債が担保付社債である場合		強制されない（受託会社が行う）	設置できない
当該社債が担保付社債でない場合	各社債の金額が1億円以上である場合	強制されない	設置することができる
	ある種類の社債の総額を当該種類の各社債の金額の最低額で除して得た数が50を下回る場合	強制されない	設置することができる
	上記に該当しない場合	強制される	設置できない

社債管理者を置かない場合に，補助として置くものとされているので，社債管理者を置く義務がある場合には，社債管理補助者を設置することはできません。

　一方，「各社債の金額が１億円以上である場合」「ある種類の社債の総額を当該種類の各社債の金額の最低額で除して得た数が50を下回る場合」には，社債管理者を置かないため，こういった場面では社債管理補助者を設置することが「できます」（義務ではありません）。

　ただ，社債に担保を付す場合には，担保の目的である財産を有する者と信託会社との間で信託契約を締結し，受託会社が，社債権者のために社債の管理をします（担保付社債信託法２）。
　そして，担保付社債の管理については，**受託会社が社債管理者と同一の権限を有し，義務を負うこととされている**ため，**担保付社債については，社債管理補助者を置くことはできない**のです。

▶条文Check!

> **第714条の２（社債管理補助者の設置）**
> 会社は，第702条ただし書に規定する場合には，社債管理補助者を定め，社債権者のために，社債の管理の補助を行うことを委託することができる。ただし，当該社債が担保付社債である場合は，この限りでない。

◆ 社債管理補助者の資格 ◆

①銀行
②信託会社
③弁護士
④弁護士法人

　社債管理補助者は，社債管理者よりもその権限および裁量が限定されているため，その資格要件をより緩やかなものにしました。
　具体的には，社債管理者となることができる者として，銀行および信託会社等その他法務省令で定める者とし，その法務省令では，**破産手続等に属する行為や，社債に係る債権の実現を保全するために必要な一切の裁判上または裁判外の行為**

をするため，**弁護士および弁護士法人がなることができる**と規定しています（会社法施行規則171の２）。

▶条文 **Check!**

> **第714条の３（社債管理補助者の資格）**
> 社債管理補助者は，第703条各号に掲げる者その他法務省令で定める者でなければならない。

社債管理者は，社債の管理に関して広範な権限を持ちますが，社債管理補助者制度は，社債権者による社債の管理の補助を行う制度であり，**社債管理補助者については，社債管理者よりもその権限を小さく**規定しています。

具体的に，社債管理補助者の権限を見てみましょう。

◆ **社債管理補助者の権限** ◆

社債管理補助者の権限	社債権者集会の決議	委託契約の定め
① 破産手続，再生手続または更生手続への参加，強制執行または担保権の実行の手続における配当要求および清算手続における債権の申出（499Ⅰ）をする権限	不要	不要
② 社債に係る債権の弁済を受ける権限	不要	必要
③ 社債に係る債権の実現を保全するために必要な一切の裁判上または裁判外の行為をする権限（①の権限を除く）	不要	必要
社債の全部についてするその支払いの請求，社債の全部に係る債権に基づく強制執行，仮差押えまたは仮処分，社債の全部についてする訴訟行為または破産手続等に属する行為	必要	必要
④ （ⅰ）社債の全部についてするその支払いの猶予，その債務もしくはその債務の不履行によって生じた責任の免除または和解（（ⅱ）の行為を除く） （ⅱ）社債の全部についてする訴訟行為または破産手続等に属する行為をする権限（①から③までの権限を除く）	必要 （特別決議）	必要

社債管理補助者の権限は，大きく分けると，**当然にできる行為（①）**と，社債管理を頼む委託契約において「これも，やってください」と**頼まれた場合にできる行為（②③④）**に分けられます（頼まれなければ，権限は①が中心になります）。

　①は，倒産などをしたときに債権の届けをする行為になります。

　②は，弁済の窓口になる権限です。

　③は，訴訟をする行為ですが，強制執行などをする場合には勝手にできず，社債権者集会の決議が必要です。

　④は，債務不履行の債務の免除や，遅延損害金の免除をすることで，これも勝手にすることはできず，社債権者集会の決議（特別決議）が必要になっています。

▶条文Check!

第714条の4（社債管理補助者の権限等）

社債管理補助者は，社債権者のために次に掲げる行為をする権限を有する。

　一　破産手続参加，再生手続参加又は更生手続参加

　二　強制執行又は担保権の実行の手続における配当要求

　三　第499条第1項の期間内に債権の申出をすること。

2　社債管理補助者は，第714条の2の規定による委託に係る契約に定める範囲内において，社債権者のために次に掲げる行為をする権限を有する。

　一　社債に係る債権の弁済を受けること。

　二　第705条第1項の行為（前項各号及び前号に掲げる行為を除く。）

　三　第706条第1項各号に掲げる行為

　四　社債発行会社が社債の総額について期限の利益を喪失することとなる行為

3　前項の場合において，社債管理補助者は，社債権者集会の決議によらなければ，次に掲げる行為をしてはならない。

　一　前項第2号に掲げる行為であって，次に掲げるもの

　　イ　当該社債の全部についてするその支払の請求

　　ロ　当該社債の全部に係る債権に基づく強制執行，仮差押え又は仮処分

　　ハ　当該社債の全部についてする訴訟行為又は破産手続，再生手続，更生手続若しくは特別清算に関する手続に属する行為（イ及びロに掲げる行為を除く。）

　二　前項第3号及び第4号に掲げる行為

4 社債管理補助者は，第714条の２の規定による委託に係る契約に従い，社債の管理に関する事項を社債権者に報告し，又は社債権者がこれを知ることができるようにする措置をとらなければならない。

5 第705条第２項及び第３項の規定は，第２項第１号に掲げる行為をする権限を有する社債管理補助者について準用する。

◆ 社債管理補助者と社債権者集会の関係 ◆

社債権者集会に出席すること　　→　○
社債権者集会の招集をすること　→　原則　✕

社債権者集会の招集をするには，社債権者集会の目的である事項や日時等を定めることになり，多くの裁量的な判断を伴います。

そもそも，**社債管理補助者は社債管理者よりも裁量の限定された権限のみを有するので，裁量が多く必要な社債権者集会を招集させるのは，妥当ではありません。**

そこで，改正法においては，社債管理補助者は，

社債権者から社債権者集会の招集の請求（718Ⅰ）を受けた場合

および辞任するにあたり社債権者集会の同意（714の７，711Ⅰ）を得るため必要がある場合に限り，社債権者集会を招集することができることにしています。

一方で，社債管理補助者は，社債管理者と同様に，社債権者集会の招集の通知を受け，社債権者集会に出席することができ，社債権者集会の議事録の閲覧等を請求することができることとしています。

▶条文 Check!

第717条（社債権者集会の招集）
社債権者集会は，必要がある場合には，いつでも，招集することができる。
2　社債権者集会は，次項又は次条第3項の規定により招集する場合を除き，社債発行会社又は社債管理者が招集する。
3　次に掲げる場合には，社債管理補助者は，社債権者集会を招集することができる。
　一　次条第1項の規定による請求があった場合
　二　第714条の7において準用する第711条第1項の社債権者集会の同意を得るため必要がある場合

第729条（社債発行会社の代表者の出席等）
社債発行会社，社債管理者又は社債管理補助者は，その代表者若しくは代理人を社債権者集会に出席させ，又は書面により意見を述べることができる。ただし，社債管理者又は社債管理補助者にあっては，その社債権者集会が第707条（第714条の7において準用する場合を含む。）の特別代理人の選任について招集されたものであるときは，この限りでない。

これが説明できるようにしよう

- [ ] どのような場合に，社債管理補助者を置くことができるか
- [ ] 社債管理補助者が，社債に係る債権の弁済を受ける場合には，委託契約が必要か，社債権者集会の決議は必要か
- [ ] 社債管理補助者が，社債の全部についてするその支払いの猶予をするには，委託契約が必要か，社債権者集会の決議は必要か
- [ ] 社債管理補助者は，社債権者集会を招集できるか

第2章 社債権者集会

重要度 A

旧法	新法
社債権者集会においては，みなし決議が認められない	社債権者集会においても，みなし決議が認められるようになった（735の2）

　社債権者集会の決議については，社債権者の全員の同意をもってこれに代えることはできないとされてきましたが，近年，機動的な意思決定のために，社債権者集会の決議の省略を認めてほしいという要請がみられるようになりました。

　そこで，社債発行会社，社債管理者，社債管理補助者または社債権者が社債権者集会の目的である事項について提案をした場合において，当該提案につき**議決権を行使することができる社債権者の全員が書面または電磁的記録により同意の意思表示をしたときは，当該提案を可決する旨の社債権者集会の決議があったものとみなす**ことにしました（735の2Ⅰ）。

重要度 A

旧法	新法
社債権者集会の決議は，裁判所の認可を受けなければ，効力を生じない	みなし決議の場合には，裁判所の認可がなくても，効力が認められるようになった

　社債権者集会の決議は，裁判所の認可がなければ効力が生じないことにしています。社債権者集会の決議は，支払いの猶予など，社債権者に譲歩を強いる内容

であることが多いため，裁判所にチェックさせることを期待しているのです。

ただ，いわゆるみなし決議の場合には，**「全員が納得している」決議内容に裁判所の認可まで要求する必要はない**という配慮から，**社債権者集会の決議があったものとみなされる場合に，裁判所の認可を受けることを要しないで，その効力を生ずる**こととしています（735の2Ⅳ）。

これにより，下記の過去問の正誤が変わります。

過去問の 正誤 はこうなる

社債権者集会の決議は，裁判所の認可を受けなければ，その効力を生じない。
［平21-32-オ］

　➡ ✕

株主総会の決議は，その効力を生じさせるために裁判所の認可を受けることを要しないが，社債権者集会の決議は，その効力を生じさせるために裁判所の認可を受けなければならない。
［平23-28-オ］

　➡ ✕ 裁判所の認可が必ずしも必要になるわけではないので，✕肢に変わります。

▶条文Check!

第735条の2（社債権者集会の決議の省略）
社債発行会社，社債管理者，社債管理補助者又は社債権者が社債権者集会の目的である事項について（社債管理補助者にあっては，第714条の7において準用する第711条第1項の社債権者集会の同意をすることについて）提案をした場合において，当該提案につき議決権者の全員が書面又は電磁的記録により同意の意思表示をしたときは，当該提案を可決する旨の社債権者集会の決議があったものとみなす。
2 　社債発行会社は，前項の規定により社債権者集会の決議があったものとみなされた日から10年間，同項の書面又は電磁的記録をその本店に備え置かなければならない。
3 　社債管理者，社債管理補助者及び社債権者は，社債発行会社の営業時間内は，いつでも，次に掲げる請求をすることができる。
　一　前項の書面の閲覧又は謄写の請求
　二　前項の電磁的記録に記録された事項を法務省令で定める方法により表示したものの閲覧又は謄写の請求
4 　第1項の規定により社債権者集会の決議があったものとみなされる場合には，第732条から前条まで（第734条第2項を除く。）の規定は，適用しない。

これが説明できるようにしよう

☐ みなし決議とは何か，社債権者集会にも適用があるか
☐ 裁判所の認可がなくても，社債権者集会の決議の効力が生じる場合は？

いわゆるみなし決議をまとめた表を掲載します。横断整理で使用してください。

◆ 決議の省略の横断整理 ◆

	可否	省略の要件	定款規定の要否
創立総会 （82）	可	・発起人が創立総会の目的である事項について提案 ・当該提案につき議決権を行使することができる設立時株主の全員が書面又は電磁的記録により同意	不要
種類創立総会 （86・82）		・発起人が種類創立総会の目的である事項について提案 ・当該提案につき議決権を行使することができる設立時種類株主の全員が書面又は電磁的記録により同意	
株主総会 （319）		・取締役又は株主が株主総会の目的である事項について提案 ・当該提案につき議決権を行使することができる株主の全員が書面又は電磁的記録により同意	
種類株主総会 （325・319）		・取締役又は種類株主が種類株主総会の目的である事項について提案 ・当該提案につき議決権を行使することができる種類株主の全員が書面又は電磁的記録により同意	
取締役会 （370）		・取締役が取締役会の決議の目的である事項について提案 ・当該提案につき議決に加わることができる取締役の全員が書面又は電磁的記録により同意 ・監査役設置会社にあっては，監査役が当該提案について異議を述べないこと	必要
清算人会 （490Ⅴ・370）		・清算人が清算人会の決議の目的である事項について提案 ・当該提案につき議決に加わることができる清算人の全員が書面又は電磁的記録により同意 ・監査役設置会社にあっては，監査役が当該提案について異議を述べないこと	
特別取締役による取締役会	不可 （373Ⅳ）		
監査役会			
監査等委員会		規定なし	
指名委員会等			
社債権者集会 （735の2）	可	・社債発行会社，社債管理者，社債管理補助者又は社債権者が社債権者集会の目的である事項について提案 ・当該提案につき議決権者の全員が書面又は電磁的記録により同意	不要

第5編 株式交付

第1章 株式交付の概念

ここが **こう変わった！**

旧法	新法
完全親子会社を作る制度はあったが，単に親子会社を作る制度はなかった	100%でない親子会社を作る制度を創設した

重要度 A

 A会社　　　　　　　　　　　　　　　　　　B会社

完全親子会社関係にしたい　→　株式交換
親子会社にしたい　→　株式交付

　A会社がB会社を子会社にしたい場合，B会社を完全子会社（100%）にするのであれば，株式交換の手法が使えます。
　したがって，**買収会社が被買収会社を完全子会社とすることまでは予定していない場合には，株式交換を用いることができません。**

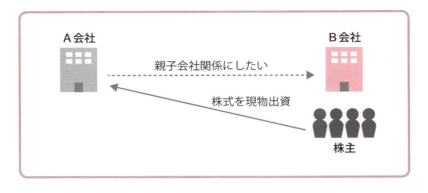

　A会社がB会社を単に子会社にしたければ，A会社は，募集株式発行手続き（B会社の株式を現物出資してもらって，A会社株式を発行する）を使う必要があります。

　しかし，この手法を用いる場合には，原則として**検査役の調査が必要となってしまい，面倒**だと指摘されていました。

　そこで，改正法において，A会社がB会社をその子会社とするために，B会社の株式を譲り受け，B会社株式の譲渡人に対して，A会社株式を対価として交付する制度を創設しました。

株式交付により他の株式会社を子会社（法務省令で定めるものに限る）としようとする場合に限り，株式交付をすることができる（2㉜の2）
　→すでに議決権の過半数を有している他の株式会社の株式を買い増す場合
　　は株式交付を利用できない
　　他の株式会社を子会社としようとしない場合は株式交付を利用できない

　先ほどのB会社がすでにA会社の子会社だった場合には，株式交付の制度を使うことはできません。親子関係を作るための制度なので，すでに親子会社の場合には射程範囲外になります。

　また，B会社の株式を40％取得するために，株式交付の制度を使うことはできません。親子関係を作るための制度なので，親子会社にならない場合には，この制度を使えません。

この株式交付という制度は，他の株式会社を子会社としようとする場合に限り，認められるのです。

◆ 企業再編と適格のある会社 ◆

企業再編の類型		適格のある会社	企業再編の類型		適格のある会社
合併	消滅会社	制限なし	株式交換	完全子会社	株式会社のみ
	存続会社設立会社	制限なし		完全親会社	株式会社合同会社
会社分割	分割会社	株式会社合同会社	株式移転	完全子会社	株式会社のみ
	承継会社設立会社	制限なし		完全親会社	株式会社のみ
			株式交付	株式交付子会社	株式会社のみ（外国会社は不可）
				株式交付親会社	株式会社のみ

改正法においては，他の株式会社を子会社とする場合に限り，株式交付をすることができることとしています。

持分会社を子会社にする場合には，株式交付を使うことはできません。持分会社については，持分を取得することのみによってはただちに当該持分会社を子会社とすることができるわけではないためです。

また，外国会社が株式会社と同種であるかどうかについての判断は，必ずしも容易でないため，株式交付により，株式会社と同種の外国会社を子会社とすることはできないこととしています。

◆ 清算株式会社が企業再編できるか ◆

存続会社となる吸収合併 承継会社となる吸収分割 株式交換・株式移転 株式交付	消滅会社となる合併 分割会社となる吸収分割 事業譲渡
×（474・509Ⅰ③）	○

　株式交換制度を使って，清算株式会社を完全親会社とすることはできませんし，清算株式会社が完全子会社となることもできません。

　これと足並みを揃えるため，**株式交付により，清算株式会社が親会社となり，または清算株式会社を子会社とすることを認めていません。**

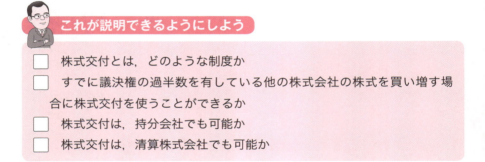

　これが説明できるようにしよう

- □ 株式交付とは，どのような制度か
- □ すでに議決権の過半数を有している他の株式会社の株式を買い増す場合に株式交付を使うことができるか
- □ 株式交付は，持分会社でも可能か
- □ 株式交付は，清算株式会社でも可能か

第2章 株式交付の手続き

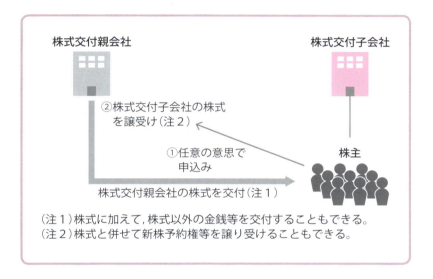

株式交付をする場合,それを株式交付子会社の株主に知らせます。「この条件で,皆さんの株式を買います。売ってくれませんか」というお知らせをするのです。そして,「自分は売りたい」と思った株式交付子会社の株主は,株式交付親会社に申込みをします。**株式交換と異なり,売るかどうかを自分で決められる**仕組みにしています。

この申込みを受けた株式交付親会社は,割当行為をして,それに対して対価を払います。ここで,譲受けができるのは,株式交付子会社の株式だけでなく,株式交付子会社の新株予約権も可能です。

次の図を見てください。

	株式交換 における子会社の新株予約権	株式交付 における子会社の新株予約権
契約書・計画書に おいて定められる こと	新株予約権の新株予約権者に株式交換完全親株式会社の新株予約権を交付することとする旨の定め	株式交付子会社の株式と併せて譲り受ける場合に限り，株式交付子会社の新株予約権者から株式交付子会社の新株予約権等を譲り受けることができる旨
予約権者に対して 交付できる対価	①完全親会社の新株予約権 ②完全親会社の新株予約権付社債	①株式交付親会社の株式 ②株式交付親会社の社債 ③株式交付親会社の新株予約権 ④株式交付親会社の新株予約権付社債 ⑤株式交付親会社の株式等以外の財産
新株予約権 買取請求の制度	あり	なし （不服なら売却しなければいい）

　株式交換の際に，完全子会社の新株予約権を放置すると，その後，新株予約権が行使され完全親子関係が崩れるおそれがあります。それを避けるため，株式交換契約において，「新株予約権の新株予約権者に株式交換完全親株式会社の新株予約権を交付することとする旨の定め」を設けて，新株予約権を取得することができます。

　株式交付をした場合も同様に，新株予約権が行使され親子会社関係が崩れることを避けるため，株式交付親会社が，株式交付子会社の新株予約権も取得したいこともあるでしょう。

　そこで，改正法においては，株式交付親会社は，**株式交付子会社の新株予約権者から株式交付子会社の新株予約権等を譲り受けることができる**ことしていますが，一定の縛りをつけています。

　それが，**株式交付に際して，株式交付子会社の株式と併せて譲り受ける場合に限る**という条件です。つまり，株式を譲り受けずに，新株予約権だけ譲り受けることを認めていないのです。

　ちなみに，新株予約権を譲り受けるときも，強制ではなく任意です。株式交付

親会社が定めた条件に納得した新株予約権者が申し込むことになります。

　そのため，株式交付においては，新株予約権買取請求権の制度は認めていません。株式交換では，強制的に新株予約権を巻き上げるため，条件面に納得できない新株予約権者は効力発生前に買取請求権を行使しますが，株式交付は任意であるため，条件面に納得できなければ申し込まなければいいだけだからです。

	株式交換 （完全子会社の株主に対する対価）	株式交付 （子会社の株式の譲渡人に対する対価）
必須		①株式交付親会社の株式（753Ⅰ⑥）
任意	①株式 ②社債 ③新株予約権 ④新株予約権付社債 ⑤株式等以外の財産	①株式交付親会社の社債 ②株式交付親会社の新株予約権 ③株式交付親会社の新株予約権付社債 ④株式交付親会社の社債及び新株予約権以外の財産

　こちらは，株式の譲渡人に対して交付する対価をまとめた図です（株式交換と比較できるようにしています）。
　株式交換では，対価の柔軟化が認められているため，株式を交付しないという選択が認められます。

　一方，株式交付は，株式交付親会社の株式を対価として株式交付子会社を子会社とするための制度であり，株式交付に際して株式交付親会社の株式をまったく交付しないことは想定していません。

　ただ，株式交付計画において定めることにより，株式交付親会社の株式と併せてそれ以外の金銭等を対価として交付することができるようにしています。

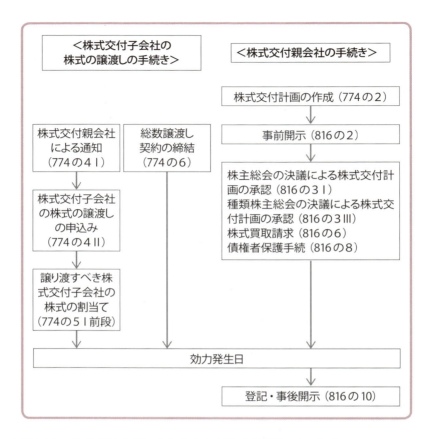

　上記には，株式交付のざっくりとした流れを掲載しています。
　株式交付子会社の株式の譲渡しの手続きは，募集株式発行の手続きに似ています。
　一方，**株式交付親会社の手続きは，株式交換（完全親会社）の手続きに似ています**（次のページの図，株式交付と株式交換完全親会社の手続きを比較してみてください）。

　注目してほしいのは，株式交付親会社・株式交付子会社の株主が手続きをとるのであって，**株式交付子会社は何も手続きをとらない**点です（株式交付は，株式交付子会社の意思を無視して，子会社にする制度なのです）。

◆ 吸収型再編及び株式交付の手続きの流れ ◆

		合併		会社分割		株式交換		株式交付
		消滅会社	存続会社	分割会社	承継会社	完全子会社	完全親会社	株式交付親会社
契約書・計画書の作成		○	○	○	○	○	○	○
事前開示		○	○	○	○	○	○	○
承認	株主総会における承認決議	○	○	○	○	○	○	○
	種類株主総会における承認決議	○	○	○	○	○	○	○
株式買取請求		○	○	○	○	○	○	○
新株予約権買取請求手続		○		○		○		
債権者保護手続		○	○	○	○	○	○	○
株券の提出に関する公告		○				○		
新株予約権証券の提出に関する公告		○		○		○		
事後開示			○	○	○	○	○	○

1 株式交付計画の作成

株式交付をする場合には，株式交付親会社は，株式交付計画を作成する必要があります。そこで定めるべき内容は以下のとおりです（株式交換と比較して，学習してください）。

株式会社に発行済株式を取得させる場合の 株式交換契約（768 I 各号）	株式交付計画の内容 （774の3 I 各号）
1号 どの会社とどの会社が株式交換を行うのか	1号 株式交付子会社の商号及び住所
	2号 譲り受ける株式交付子会社の株式数の下限
2号・3号 対価の内容と割り当て方の定め	3号・4号 対価として交付する株式の内容や割り当て方の定め
	5号・6号 対価に加え社債や新株予約権を交付する場合はその内容や割り当て方の定め
4号・5号 株式交換完全子会社の新株予約権者に対し株式交換完全親株式会社の新株予約権を交付する場合はその新株予約権の内容等の定め	7号 株式交付親会社が株式交付に際して株式交付子会社の株式と併せて株式交付子会社の新株予約権等を譲り受けるときは，当該新株予約権等の内容等の定め
	8号・9号 株式交付子会社の新株予約権等を譲り受けるときの，当該新株予約権等の対価の内容や割り当て方の定め
	10号　譲渡しの申込みの期日
6号　効力発生日の定め	11号　効力発生日の定め

その株式交付計画においては，株式交付子会社の商号および住所，**株式交付親会社が株式交付に際して譲り受ける株式交付子会社の株式の数の下限**，譲渡しの申込みの期日，**効力発生日**等を定める必要があります。

特に重要なのが，「**株式交付親会社が株式交付に際して譲り受ける株式交付子会社の株式の数の下限**」です。この数は，**株式交付子会社が株式交付親会社の子会社となる数にする必要があります**（774の3Ⅱ）。この制度は，株式交付親会社が株式交付子会社を，**自社の子会社とするための制度**だからです。

2 株式交付子会社の株式の譲渡しの手続き

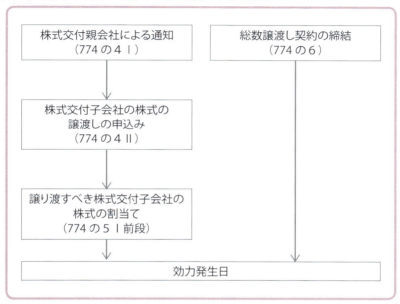

(1) 株式交付親会社による通知

株式交付親会社は，株式の譲渡しの申込みをしようとする者に対し，株式交付計画の内容等を通知しなければなりません。

(2) 株式交付子会社の株式の譲渡しの申込み

譲渡しの申込みをする者は，株式交付計画において定められた期日までに，申し込む必要があります。

ここで，申込みの期日に，当該譲渡しの申込みがされた株式交付子会社の株式の総数が当該**下限の数に満たない場合には，株式交付のための手続きは終了します**。**子会社にならない株式交付手続きを続ける意味がないからです**。

（3）譲り渡すべき株式交付子会社の株式の割当て

　株式交付親会社は，申込みをした者の中から譲り受ける者を定め，かつ，その者に割り当てる当該株式交付親会社が譲り受ける株式交付子会社の株式の数を定める必要があります。

（4）総数譲渡し契約を締結する場合

　株式交付子会社の株式を譲り渡そうとする者が，株式交付親会社が株式交付に際して譲り受ける株式交付子会社の株式の総数の譲渡しを行う契約（総数譲渡し契約）を締結する場合には，当該契約の締結により当該株式の譲渡しに関する申込みおよび割当てが完結するため，前記（1）〜（3）の手続きに関する規定は適用されません。

（5）株式交付子会社の株式の給付

　株式交付子会社の株式の譲渡人となった者は，効力発生日に，株式交付子会社の株式を株式交付親会社に給付する必要があります。

　この「給付」には，権利の移転を第三者に対抗するために必要となる行為も含まれます。

※　譲渡制限株式の場合

　株式交付子会社の株式が譲渡制限株式の場合，この株式の譲受けは，有償の譲受けになるため，株式交付子会社の譲渡承認が必要になります（商事法務2160号P67）。

（6）株式交付子会社の新株予約権等の譲渡し

　株式交付に際して株式交付子会社の株式と併せて株式交付子会社の新株予約権等を譲り受ける場合について，この新株予約権等の譲渡しについても，前記（1）〜（5）と同様の手続きがとられます。

（7）譲渡しの無効または取消しの制限

　「申し込んだのですが，あれはウソの意思表示です。株式を返してください」「騙されて申し込んだので，申込みを取り消します。株式を返してください」，こういうことが認められれば，法律関係が不安定になってしまいます。

そこで，譲り渡すべき株式交付子会社の株式の割当てや総数譲渡し契約に係る意思表示について，**心裡留保，通謀虚偽表示の規定は適用しない**ことにし，また，錯誤，詐欺または強迫があったとしても，**「株式交付子会社の株式の譲渡人は，株式交付親会社の株式の株主となった日から１年を経過した後」または「その株式について権利を行使した後」は取消しの主張をさせない**ことにしています。

3 株式交付親会社の手続き

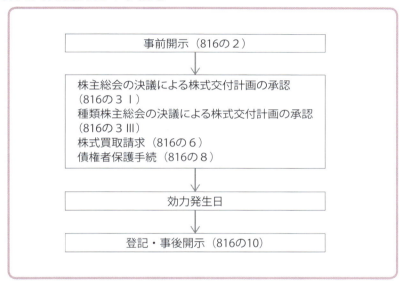

(1) 事前開示手続

株式交付親会社は，**効力発生日後６か月を経過する日までの間**，株式交付計画の内容等を記載した書面などを本店に備え置き，その株主および債権者による閲覧等ができるようにする必要があります。

(2) 株主総会の決議による株式交付計画の承認
①原則

株式交付親会社は，効力発生日の前日までに，**株主総会の特別決議**によって，株式交付計画の承認を受ける必要があり，種類株主総会による承認決議が必要になる場合もあります。次の図を見てください。

◆ 株式交付における決議要件の横断整理 ◆

ケース		決議要件
株式交付子会社		
株式交付親会社	原則	株主総会特別決議 (816の3Ⅰ・309Ⅱ⑫)
	種類株式発行会社 ＋対価が譲渡制限株式 （注）	① 株主総会特別決議 ② 当該種類株主を構成員とする種類株主総会特別決議 (816の3Ⅲ・309Ⅱ⑫・324Ⅱ⑦)

（注）ここでの対価は，以下の2つを指す。
・株式交付子会社の株式の譲渡人に対して交付する対価
・株式交付子会社の新株予約権等の譲渡人に対して交付する対価

株式交付子会社では，手続きをとらないため，承認決議をとることも不要です。
株式交付親会社では，株主総会特別決議をとることが必要ですが，場合によっては種類株主総会決議が必要になる場合があります。

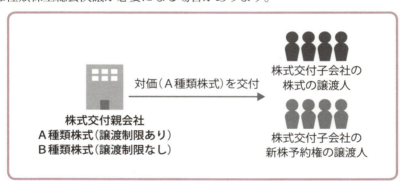

上記のように，**株式交付の対価として，譲渡制限株式を発行する場合に種類株主総会決議が必要**になります。「対価として，譲渡制限株式を発行する場合に種類株主総会決議が必要」という点は株式交換と同じですが，誰に対する対価なのかという点が，異なります。

株式交換	株式交付
・完全子会社の株主に対して交付する対価	・株式交付子会社の株式の譲渡人に対して交付する対価 ・株式交付子会社の新株予約権等の譲渡人に対して交付する対価
として，譲渡制限株式を発行する場合に種類株主総会決議が必要	

　株式交換では，完全子会社の株主に交付する対価が譲渡制限株式の場合に種類株主総会決議が必要ですが，**株式交付では，株式交付子会社の株式の譲渡人に対して交付する対価だけでなく，株式交付子会社の新株予約権等の譲渡人に対して交付する対価が譲渡制限株式の場合にも種類株主総会決議が必要**になります（株式交換の場合には，新株予約権への対価として株式を交付することは認められていません）。

②簡易手続

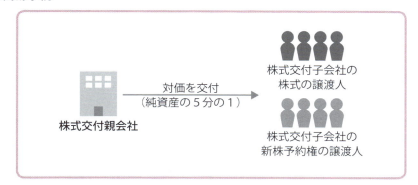

　上記のように，交付する対価の合計額の株式交付親会社の**純資産額に対する割合が5分の1を超えない場合**には，株式交付親会社の影響は小さいことから，株式交付親会社の株主総会の特別決議は不要になります。
　ただ，この要件を満たしても，次のいずれかに該当すると株主総会特別決議の省略が認められなくなります。

> ⅰ 株式交付親会社が株式交付子会社の株式および新株予約権等の譲渡人に対して交付する金銭等の帳簿価額が株式交付親会社が譲り受ける株式交付子会社の株式および新株予約権等の額を超える場合
> ⅱ 株式交付親会社が公開会社でない場合
> ⅲ または株式交付親会社の株主の一定割合が株式交付に反対する旨を通知した場合

ⅰ～ⅲは，他の企業再編の場合で簡易手続がとれない場合とほぼ同様です。1つ1つ説明します。

＜ⅰについて＞

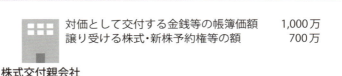

これは，いわゆる差損が生ずる場合で，株式交付親会社が赤字になり，影響は小さいとはいえないため，株主総会特別決議は省略できません。

＜ⅱについて＞

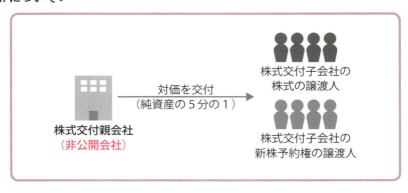

上記の場合，**非公開会社が株式発行をすること**になり，株式交付親会社の株主の持ち株比率に大きな影響を与えるため，株主総会特別決議は省略できません。

<ⅲについて>

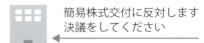

事前に，自社の株主から相当数の反対の意思表示が来ている場合です。**特別決議が否決されるほどの反対者が通知をしている場合には，株主総会特別決議は省略できません。**

次のページに，簡易手続きの横断整理の図表を入れます。これを使って，知識の整理をしてください。

◆ 簡易組織再編まとめ（784Ⅱ・796Ⅱ・805・816の4）◆

		簡易手続の可否	要件	簡易組織再編ができない場合
吸収合併	消滅会社	×		
	存続会社	○	対価が純資産額の5分の1以下	①承継債務額（施規195）が承継資産額（施規195）を超える場合（795Ⅱ①） ②対価として交付する金銭等（吸収合併存続株式会社の株式等を除く。）の帳簿価額が承継資産額から承継債務額を控除して得た額を超える場合（795Ⅱ②） ③対価として交付する金銭等の全部又は一部が吸収合併存続株式会社の譲渡制限株式であり，吸収合併存続株式会社が公開会社でないとき（796Ⅰ但書）
新設合併	消滅会社	×		
	設立会社			
吸収分割	分割会社	○	承継させる資産が総資産額の5分の1以下	
	承継会社	○	対価が純資産額の5分の1以下	①承継債務額（施規195）が承継資産額（施規195）を超える場合（795Ⅱ①） ②対価として交付する金銭等（吸収分割承継株式会社の株式等を除く。）の帳簿価額が承継資産額から承継債務額を控除して得た額を超える場合（795Ⅱ②） ③対価として交付する金銭等の全部又は一部が吸収分割承継株式会社の譲渡制限株式であり，吸収分割承継株式会社が公開会社でないとき（796Ⅰ但書）
新設分割	分割会社	○	承継させる資産が総資産額の5分の1以下	
	設立会社			

		簡易手続の可否	要件	簡易組織再編ができない場合
株式交換	完全子会社	×		
	完全親会社	○	対価が純資産額の5分の1以下	①対価として交付する金銭等（株式交換完全親株式会社の株式等を除く。）の帳簿価額が株式交換完全親株式会社が承継する株式交換完全子会社の株式の額（施規195）を超える場合（795Ⅱ③） ②対価として交付する金銭等の全部又は一部が株式交換完全親株式会社の譲渡制限株式である場合であり，株式交換完全親株式会社が公開会社でないとき（796Ⅰ但書）
株式移転	完全子会社	×		
	設立会社			
株式交付	株式交付子会社	×		
	株式交付親会社	○	対価が純資産額の5分の1以下	①株式交付親会社が株式交付子会社の株式および新株予約権等の譲渡人に対して交付する金銭等（株式交付親会社の株式，社債および新株予約権を除く）の帳簿価額が株式交付親会社が譲り受ける株式交付子会社の株式および新株予約権等の額を超える場合（816の4Ⅰ但書・Ⅱ） ②株式交付親会社が公開会社でない場合（816の4Ⅰ但書）

③株主総会における説明義務

　株式交付親会社においていわゆる**差損が生ずる場合には**，取締役は，株主総会において，その旨を説明する必要があります。

　次に，今年の他の改正を含めた横断整理の表を入れておきます。まとめで利用してください（赤字部分が今回の改正点です）。

◆ 取締役が理由を説明しなければならない場合の横断整理 ◆

	どのような場で	何の理由を説明するのか
全部取得条項付種類株式の取得（171Ⅲ）	全部取得条項付種類株式の取得の決議をする株主総会	全部取得条項付種類株式の全部を取得することを必要とする理由
株式の併合（180Ⅳ）	株式の併合決議をする株主総会	株式の併合をすることを必要とする理由
単元株式数（190）	単元株式数を定める定款の変更を目的とする株主総会	当該単元株式数を定めることを必要とする理由
募集株式の発行（199Ⅲ）（注）	株主割当以外において，募集株式の有利発行をする場合における，募集事項を決定する株主総会	当該払込金額でその者の募集をすることを必要とする理由
募集株式の募集事項の決定の委任（200Ⅱ）	募集事項の決定を取締役（取締役会設置会社にあっては，取締役会）に委任する場合において，払込金額の下限が特に有利な金額である場合における，委任決議を行う株主総会	
募集新株予約権の発行（238Ⅲ）	いわゆる有利発行により募集新株予約権を発行する場合における，募集事項の決定をする株主総会	いわゆる有利発行により募集新株予約権を引き受ける者の募集をすることを必要とする理由
募集新株予約権の募集事項の決定の委任（239Ⅱ）	募集事項の決定を取締役（取締役会設置会社にあっては，取締役会）に委任する場合において，当該内容がいわゆる有利発行に該当する場合における，委任決議を行う株主総会	
取締役・清算人の報酬（361Ⅳ・482Ⅳ）	取締役・清算人の報酬等に関する事項を定め，又はこれを改定する議案を決議する株主総会	当該事項を相当とする理由
吸収合併契約等の承認（795Ⅱ）	吸収合併契約等の承認決議をする存続株式会社等の株主総会（いわゆる差損が生じる場合）	差損が生じる旨
吸収合併契約等の承認（795Ⅲ）	吸収合併契約等の承認決議をする存続株式会社等の株主総会（承継する吸収合併消滅会社又は吸収分割会社の資産に吸収合併存続株式会社又は吸収分割承継株式会社の株式が含まれる場合）	当該株式に関する事項
株式交付計画の承認等（816の3Ⅱ）	株式交付計画の承認決議をする株式交付親会社の株主総会（いわゆる差損が生じる場合）	差損が生じる旨

（注）募集株式の発行に際して，株主に株式の割当てを受ける権利を与える場合においては，その払込金額が当該株式の時価より相当程度低い金額であっても，取締役は，株主総会において，当該払込金額でその者の募集をすることを必要とする理由を説明することを要しない（202Ⅴによる199Ⅲの適用除外）。

(3) 反対株主の株式買取請求

　株式交付親会社の反対株主は，原則として，株式交付親会社に対し，自己の有する株式を公正な価格で買い取ることを請求することができます（816の６Ⅰ）。
　ただし，**いわゆる簡易手続の要件を満たす場合には，影響が小さいために株式交付親会社の株主は株式買取請求をすることができません**（同項但書）。

(4) 債権者異議手続

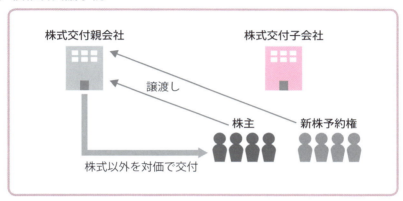

　株式交付に際して株式交付子会社の株式及び新株予約権等の譲渡人に対して当該株式及び新株予約権等の対価として株式交付親会社の株式を交付するときは，株式交付親会社から財産の流出はありません。
　一方，株式以外の財産を交付するときは，株式交付親会社から財産の流出が生じ，債権者を害することになります。

　そこで，**株式交付子会社の株式及び新株予約権等の譲渡人に対して交付する対価が，株式交付親会社の株式以外の場合**には，株式交付親会社は，債権者異議手続をとらなければならないことにしました。

◆ 債権者保護手続（吸収型再編）(789Ⅰ・799Ⅰ・816の8Ⅰ) ◆

		保護手続が必要な債権者	
		どういう場合	誰に
株式交換	完全子会社側	新株予約権付社債が完全親株式会社に承継される場合	新株予約権付社債についての社債権者
株式交換	完全親株式会社側	①新株予約権付社債が完全親株式会社に承継される場合 ②完全親株式会社の株式以外の財産が対価として交付される場合	全債権者
株式交付	株式交付子会社	不要	不要
株式交付	株式交付親会社	株式および新株予約権等の譲渡人に対して交付する金銭等（株式交付親会社の株式を除く）が株式交付親会社の株式以外の場合	全債権者

　上記では，株式交換で債権者保護手続きが必要なケースと比較した図を作っています。

　親会社において，「株式以外が対価の場合」に債権者保護手続きが必要になる点は共通します（株式交換の完全親会社側②の部分を指します）。

　一方，株式交換にはもう１つ保護手続きが必要になる場合があります（株式交換の完全親会社側①の部分です）。

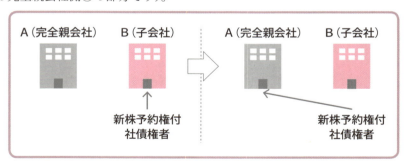

　株式交換や株式移転については，親会社となる会社がその子会社になる株式会社の新株予約権付社債に係る債務を承継する場合があり，そのような場合にも，当該債務者の債権者保護手続が必要になります。

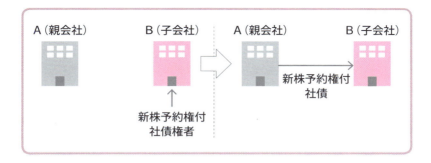

一方、株式交付については、株式交付親会社は、
- 株式交付子会社の新株予約権付社債を譲り受け、株式交付子会社の新株予約権者になることはあっても、
- **株式交付子会社の社債に係る債務を承継することはありません。**

したがって、株式交付については、「新株予約権付社債に係る債務を承継する場合に債権者保護手続を要する」旨の規律を設けていないのです。

(5) 事後開示手続

	事前開示の備置期間	事後開示の備置期間
株式交換完全親株式会社	吸収合併契約等備置開始日から効力発生日後6か月を経過する日までの間（794Ⅰ）	効力発生日から6か月間（801Ⅲ）
株式交付親会社	株式交付計画備置開始日から効力発生日後6か月を経過する日までの間（816の2）	効力発生日から6か月間（816の10）

株式交付親会社は、効力発生日後遅滞なく、株式交付に際して株式交付親会社が譲り受けた株式交付子会社の株式の数等を記載した書面等を作成し、**効力発生日から6か月間**、当該書面等をその本店に備え置くとともに、その株主および債権者による閲覧等に供する必要があります。

◆ 組織再編等の差止請求権制度 ◆

要件	① 組織再編等に法令・定款違反が認められる場合 　一　当該吸収合併等が法令又は定款に違反する場合 　二　略式組織再編の場合において，対価が消滅株式会社等又は存続会社等の財産の状況その他の事情に照らして著しく不当であるとき ② 株主が不利益を受けるおそれ
効果	当該企業再編をやめることを請求することができる（784の2｜・796の2｜・805の2・816の5）。
注意点	簡易組織再編が行われる場合，株主は，差止請求することができない（784の2柱書但書・796の2柱書但書・805の2但書・816の5但書）。

　株式交付が法令または定款に違反する場合において，株式交付親会社の株主が不利益を受けるおそれがあるときは，株式交付親会社の株主は，株式交付親会社に対し，株式交付をやめることを請求することができます。

　ただし，**いわゆる簡易手続の要件を満たす場合については，株主に及ぼす影響が軽微であるため，株式交付親会社の株主は，株式交付をやめることを請求することができません。**

 これが説明できるようにしよう

☐　株式交付親会社の手続き，株式交付子会社の株式の譲渡しの手続きの概略を述べよ
☐　株式交付計画の承認につき，種類株主総会による承認決議が必要となる場合は？
☐　簡易手続き（株式交付親会社の株主総会の特別決議によって，株式交付計画の承認を受けることを要しない）はどのような場合に可能か
☐　株式交付親会社が，債権者異議手続をとらなければならない場合は？（株式交換完全親会社との比較）

第3章 株式交付の効力の発生等

（1）効力の発生

　株式交付親会社は，効力発生日に，給付を受けた株式交付子会社の株式および新株予約権等を譲り受け，当該株式および新株予約権等の譲渡人は，株式交付親会社の株式その他の対価を取得します。

（2）株式交付の効力が発生しない場合（774の11Ⅴ・Ⅵ）

　改正法においては，株式交付の効力が発生しない場合について定めを設けています。

---

　①　効力発生日において債権者異議手続が終了していない場合
　②　株式交付を中止した場合
　③　効力発生日において株式交付親会社が給付を受けた株式交付子会社の株式の総数が株式交付計画において定めた下限（774の3Ⅰ②）の数に満たない場合
　④　効力発生日において，株式交付子会社の株式を株式交付親会社に譲り渡し，その対価として株式交付親会社の株式の交付を受けてその株主となる者がない場合

---

①②について

　効力発生日の時点で，債権者異議手続が終わっていない場合や，株式交付を途中で中止した場合（774の11Ⅴ①・②）には，効力発生日を迎えても，株式交付の効力は発生しません。

③について

　効力発生日において株式交付親会社が給付を受けた株式交付子会社の株式の総数が株式交付計画において定めた**下限の数に満たない場合には，株式交付をする目的を達成することができません。**そこで，そのような場合には，株式交付の効力は発生しない（774の11Ⅴ③）ことにしています。

　たとえば，株式交付子会社の株式の譲渡しの申込みがされた後，効力発生日の前に当該株式が第三者に譲渡され，株式交付親会社が当該株式の給付を受けなか

った結果，効力発生日において株式交付親会社が給付を受けた株式交付子会社の株式の総数が，株式交付計画において定めた数に満たない場合です。

④について

　株式交付では，親会社の株式がまったく交付されないことは想定していません。そこで，効力発生日において，株式交付子会社の株式を株式交付親会社に譲り渡し，その対価として**株式交付親会社の株式の交付を受けてその株主となる者がない場合には，株式交付の効力は発生しない**ことにしています。

（3）効力発生日の変更等

◆ 企業再編の効力発生日及び変更 ◆

	効力発生日	効力発生日の変更
組織変更	計画で定められた効力発生日	効力発生日を変更できる(注3・4) この場合，組織変更する会社・消滅会社等・株式交付親会社は，変更後の効力発生日を公告しなければならない
吸収型再編	契約で定められた効力発生日 (注1・2)	
株式交付	計画で定められた効力発生日	
新設型再編	登記の日	条文規定なし

（注1）効力発生日において，債権者の異議手続が終了していない場合，その後にこれらの手続きを終了させたとしても，企業再編の効力は生じない(745Ⅵ・750Ⅵ等)。
（注2）吸収合併消滅会社の吸収合併による解散は，吸収合併の登記の後でなければ，これをもって第三者に対抗することができない(750Ⅱ・752Ⅱ)。
（注3）吸収型再編の場合，効力発生日の変更は，消滅会社等と存続会社等の合意により行う。
（注4）株式交付親会社による効力発生日の変更を何ら制限なしに認めることは，株式交付子会社の株式および新株予約権等の譲受けの相手方である譲渡人の利益を不当に害するおそれがあり，相当でないと考えられる。そこで，公開買付期間の延長に関する規律を踏まえ，変更後の効力発生日は，株式交付計画において定めた当初の効力発生日から3か月以内の日でなければならないこととしている(816の9Ⅱ)。

　株式交付親会社は，**株式交付の効力発生日を変更することができる**こととしています。
　その場合には，変更前の効力発生日の前日までに，その内容を周知させるため，変更後の効力発生日を公告しなければなりません（また，申込みをした者には通知する必要があります）。

そして，**長期間の延長を認めると，株式交付子会社の株式および新株予約権等の譲受けの相手方である譲渡人に迷惑がかかる**ため，変更後の効力発生日は，**当初の効力発生日から３か月以内の日**にする必要があります。

（4）株式交付無効の訴え

株式交付の手続に瑕疵があった場合，法律関係の早期安定や画一的処理を図るため，株式交付の無効は，**株式会社の株式交付の無効の訴えという形成の訴えをもってのみ主張することができる**ことにしています。

どのような場合に，無効になるかは，他の組織に関する行為の無効の訴え（828）と同様，明示的な規定を設けてはいませんが，以下が典型例と言われています。

- 株式交付計画について法定の要件を欠くこと
- 株式交付計画を承認する株主総会の決議に瑕疵があること
- 株式交付計画の内容等を記載した書面が備え置かれていないこと
- 債権者異議手続をとらなければならないときに，これをとらなかったこと

では，具体的な手続き面を見てみます。他の無効の訴えと比較しながら学習しましょう。

◆ 無効の訴えの提訴期間・提訴権者 ◆

	提訴期間	提訴権者
①会社の設立	会社の成立の日から2年以内	・設立する株式会社の株主等 ・設立する持分会社の社員等
②株式の発行	株式の発行の効力が生じた日から6か月以内	・当該株式会社の株主等
③自己株式の処分	自己株式の処分の効力が生じた日から6か月以内	・当該株式会社の株主等
④新株予約権の発行	新株予約権の発行の効力が生じた日から6か月以内	・当該株式会社の株主等,新株予約権者
⑤株式会社における資本金の額の減少	資本金の額の減少の効力が生じた日から6か月以内	・当該株式会社の株主等 ・破産管財人 ・承認をしなかった債権者
⑥会社の組織変更	組織変更の効力が生じた日から6か月以内	・当該行為の効力が生じた日において組織変更をする会社の株主等,社員等であった者 ・組織変更後の会社の株主等,社員等 ・破産管財人 ・承認をしなかった債権者
⑦会社の吸収合併	吸収合併の効力が生じた日から6か月以内	・当該行為の効力が生じた日において吸収合併をする会社の株主等,社員等であった者 ・吸収合併後存続する会社の株主等,社員等 ・破産管財人 ・承認をしなかった債権者
⑧会社の新設合併	新設合併の効力が生じた日から6か月以内	・当該行為の効力が生じた日において新設合併をする会社の株主等,社員等であった者 ・新設合併により設立する会社の株主等,社員等 ・破産管財人 ・承認をしなかった債権者
⑨会社の吸収分割	吸収分割の効力が生じた日から6か月以内	・当該行為の効力が生じた日において吸収分割契約をした会社の株主等,社員等であった者 ・吸収分割契約をした会社の株主等,社員等 ・破産管財人 ・承認をしなかった債権者
⑩会社の新設分割	新設分割の効力が生じた日から6か月以内	・当該行為の効力が生じた日において新設分割をする会社の株主等,社員等であった者 ・新設分割をする会社若しくは新設分割により設立する会社の株主等,社員等 ・破産管財人 ・承認をしなかった債権者
⑪株式会社の株式交換	株式交換の効力が生じた日から6か月以内	・当該行為の効力が生じた日において株式交換契約をした会社の株主等,社員等であった者 ・株式交換契約をした会社の株主等,社員等 ・破産管財人 ・承認をしなかった債権者
⑫株式会社の株式移転	株式移転の効力が生じた日から6か月以内	・当該行為の効力が生じた日において株式移転をする株式会社の株主等であった者 ・株式移転により設立する株式会社の株主等 ・破産管財人 ・承認をしなかった債権者
⑬株式会社の株式交付	株式交付の効力が生じた日から6か月以内	・当該行為の効力が生じた日において株式交付親会社の株主等であった者 ・株式交付に際して株式交付親会社に株式交付子会社の株式若しくは新株予約権等を譲り渡した者 ・株式交付親会社の株主等 ・破産管財人 ・承認をしなかった債権者

①提訴期間

株式交付の無効の訴えの提訴期間は，株式交付の**効力が生じた日から6か月**となっていて，他の企業再編無効の訴えと同様の規律になっています。

②提訴権者

- 株式交付が効力が生じた日において株式交付**親会社の株主等**（828Ⅱ①参照）であった者
- 株式交付**親会社の株主等**
- 株式交付に際して株式交付親会社に株式交付子会社の**株式または新株予約権等を譲り渡した者**
- 株式交付親会社の株主等，破産管財人または株式交付について**承認をしなかった債権者**

株式交付の無効の訴えの提訴権者は，上記のとおりで，**株式交付子会社の株主等は提訴権者**になっていません。

株式交付においては，株式交付子会社の株式および新株予約権者等の譲渡人がその意思に基づいて株式交付親会社にそれらを譲渡しているに過ぎず，株式交付子会社は株式交付手続きに関与しないためです。

これが説明できるようにしよう

- [ ] 効力発生日を迎えても，株式交付の効力が発生しない場合は？
- [ ] 効力発生日の変更の要件（いつまで延長できるか）
- [ ] 株式交付の無効の訴えにおいて，株式交付子会社の関係者は提訴権者になるのか

第4章 株式交付の登記

　株式交付によって，登記事項に変化が生じます。次の表を見てください（令和3年1月29日法務省民商第14号）。

◆ 株式交付の登記事項（吸収型再編との比較） ◆

吸収合併（商登79）	吸収分割（商登84）	株式交換	株式交付
存続会社 ①合併の年月日，合併した旨並びに消滅会社の商号及び本店 ②資本金の額，発行済株式総数（種類株式発行会社にあっては，発行済みの株式の種類及び数を含む）に変更があった場合は変更後の当該事項及び変更年月日 ③消滅会社の新株予約権者に対して新株予約権を発行した場合は，新株予約権に関する登記事項及び変更年月日	**承継会社** ①分割の年月日，分割した旨並びに分割会社の商号及び本店 ②資本金の額，発行済株式総数（種類株式発行会社にあっては，発行済みの株式の種類及び数を含む）に変更があった場合は変更後の当該事項及び変更年月日 ③分割会社の新株予約権者に新株予約権を発行した場合には，新株予約権に関する登記事項及び変更年月日	**完全親会社** ①資本金の額，発行済株式総数（種類株式発行会社にあっては，発行済みの株式の種類及び数を含む）に変更があった場合は変更後の当該事項及び変更年月日 ②完全子会社の新株予約権者に新株予約権を発行した場合には，新株予約権に関する登記事項及び変更年月日 なお，株式交換をした旨ならびに完全子会社の商号及び本店は登記すべき事項とはならない。	**株式交付親会社** ①資本金の額，発行済株式の総数並びにその種類及び種類ごとの数及び変更年月日 ②株式交付子会社の株式の譲渡人に新株予約権を発行した場合には，新株予約権に関する登記事項及び変更年月日

吸収合併 (商登79)	吸収分割 (商登84)	株式交換	株式交付
消滅会社 合併の年月日，合併した旨並びに存続会社の商号及び本店 合併により消滅会社の新株予約権が消滅するとしても，その旨を登記する必要はない。	分割会社 ①分割の年月日，分割した旨並びに承継会社の商号及び本店 ②分割会社の新株予約権者に対して承継会社の新株予約権が交付された場合には，吸収分割契約新株予約権が消滅した旨及び変更年月日	完全子会社 株式交換完全子会社においては，完全子会社の新株予約権者に対して完全親会社の新株予約権が交付された場合には，株式交換契約新株予約権が消滅した旨及び変更年月日	株式交付子会社 （登記事項に変更は生じない。）

（注）株式交付子会社の株式の対価として株式交付親会社の自己株式を交付する場合には，登記すべき事項の変更が生じないこととなる（令和３年１月29日民商14号）。

　株式交付子会社の株式の譲渡人に対価として株式を交付します。自己株式を交付するのではなく，株式を発行した場合には，発行済株式総数が増え，資本金が増加します。

　また，株式交付子会社の株式の譲渡人に新株予約権を発行した場合には新株予約権に関する事項を登記することになります。

　注意すべきは，**株式交付をしたことが登記事項になっていない**点です。

　吸収合併や吸収分割では，消滅会社・分割会社の権利義務が引き継がれることになるため，それを公示しますが，株式交換や株式交付では，完全子会社・株式交付子会社の権利義務は引き継がれることはないため，登記事項になっていないのです。

　そして，**株式交付子会社では全く登記事項がない**ことにも注意が必要です。株式交付子会社の方は何の手続きもとらないため，登記事項の変化がおきないのです。

◆ 株式交付の添付書面（令和3年1月29日法務省民商第14号） ◆

ア　株式交付計画書（商登90の2①）

　　効力発生日の変更があった場合には，取締役の過半数の一致があったことを証する書面又は取締役会の議事録も添付しなければならない（商登46Ⅰ，Ⅱ）。

イ　株式の譲渡しの申込み又は株式交付親会社が株式交付に際して譲り受ける株式交付子会社の株式の総数の譲渡しを行う契約を証する書面（商登90の2②）

ウ　株式交付計画の承認に係る株主総会議事録（商登46Ⅱ）及び株主リスト（商登規61Ⅲ）又は簡易株式交付の場合にあっては株式交付計画書の承認に係る取締役会議事録若しくは取締役の過半数の一致を証する書面（商登46Ⅰ，Ⅱ）

エ　簡易株式交付の場合は，当該場合に該当することを証する書面（簡易株式交付に反対する旨を通知した株主がある場合にあっては，その有する株式の数が一定数に達しないことを証する書面を含む。）（商登90の2③）

オ　債権者保護手続が必要な場合には公告及び催告（公告を官報のほか時事に関する事項を掲載する日刊新聞紙又は電子公告によってした場合にあっては，これらの方法による公告）をしたこと並びに異議を述べた債権者があるときは，当該債権者に対し，弁済し，若しくは相当の担保を提供し，若しくは当該債権者に弁済を受けさせることを目的として相当の財産を信託したこと又は当該株式交付をしても当該債権者を害するおそれがないことを証する書面（同条④）

カ　資本金の額が会社法第445条第5項の規定に従つて計上されたことを証する書面（同条⑤）

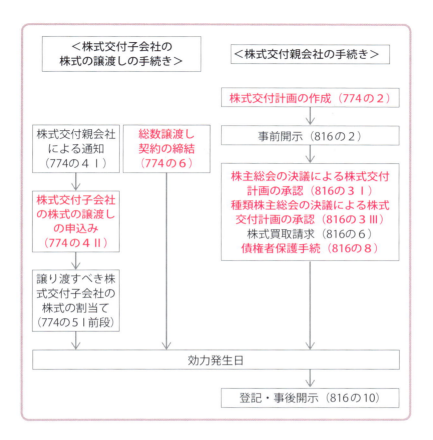

　上記の実体の流れのうち，赤字部分の立証を商業登記法が要求しています。
　ただ，簡易手続きの場合には，上記に加えて，
・**簡易手続きの場合に該当することを証する書面**
　（簡易株式交付に反対する旨を通知した株主がある場合にあっては，その有する株式の数が一定数に達しないことを証する書面を含む。）
が要求されます（これは他の企業再編の場合と同様です）。

　また，資本金が増加するので，**「資本金の額が会社法445条5項の規定に従つて計上されたことを証する書面」の添付も必要**です。

◆ **株式交付の登録免許税（令和3年1月29日法務省民商第14号）** ◆

> 　株式交付による変更の登記の登録免許税は，増加した資本金の額の1000分の7（これによって計算した税額が3万円に満たないときは，申請件数1件につき3万円）である（登録免許税法別表第一第24号（1）ニ）。
> 　発行済株式の総数の変更の登記については，登録免許税を別途納付する必要はない。

　株式交換と同様に，発行済株式総数と資本金が増えているので，**資本金が増えたことを根拠規定とした税率になっています**（株式交付をしたことによる独立の税区分はありません）。

 これが説明できるようにしよう

- □ 株式交付の登記事項は何があるか（株式交付親会社・株式交付子会社）
- □ 株式交付の申請で必要になる添付書類は何か

第6編 その他の改正

第1章 新株予約権に関する登記事項についての規律の見直し

ここがこう変わった！

重要度 **C**

旧法
募集新株予約権の払込金額　又は　その算定方法

新法
募集新株予約権の払込金額が決まっていれば，払込金額のみ登記すれば足りる

　新株予約権を引き受ける者（有償発行）の募集をする場合，募集事項として，募集新株予約権の払込金額またはその算定方法を定めることが必要で，新株予約権を発行したときは，募集新株予約権の払込金額またはその算定方法を登記する義務があります。
　そのため，算定方法を定めた場合には，算定方法の計算式を登記することになります。

　この算定方法というのは，ブラック・ショールズ・モデルというものが主流です。ネットで調べれば分かりますが，長々とした数式（非常に詳細かつ抽象的な数式等）になっています。
　そして，登記の申請の時までに上記の計算式に従って，「1個200万円」と

払込金額が確定していても，長ったらしい計算式を登記していたのです。

　ただ，募集新株予約権の算定方法は，直接，資本金の額に影響を与えるものでもないため，**そのような詳細かつ抽象的な数式等を公示する必要性はないのではと指摘されていました。**

　そこで，改正法においては，募集新株予約権について238条1項3号に掲げる事項として**募集新株予約権の払込金額の算定方法を定めた場合であっても，原則的には，募集新株予約権の払込金額を登記すれば足りることとし，例外的に，登記の申請の時までに募集新株予約権の払込金額が確定していないときは，当該算定方法を登記しなければならない**ことにしました。

 これが説明できるようにしよう

☐ 従来の登記事項「募集新株予約権の払込金額　又は　その算定方法」はどのように変わったか

　次のページに，今回の新株予約権の改正（報酬に関すること，上記の登記事項）を踏まえた」「募集事項の内容と登記事項」の図を掲載します。まとめで，利用してください。

◆ 募集新株予約権の募集事項と登記事項（238Ⅰ）◆

登記事項である→○，登記事項ではない→×

募集新株予約権の募集事項		登記
Ⅰ　募集新株予約権の内容（236Ⅰ）		
	①　新株予約権の目的である株式の数（種類株式発行会社にあっては，株式の種類及び種類ごとの数）又はその数の算定方法	○
	②　新株予約権の行使に際して出資される財産の価額又はその算定方法（注1）	○
	③　金銭以外の財産を当該新株予約権の行使に際してする出資の目的とするときは，その旨並びに当該財産の内容及び価額	○
	④　新株予約権を行使することができる期間（その他，新株予約権行使の条件）	○
	⑤　新株予約権の行使により株式を発行する場合における増加する資本金及び資本準備金に関する事項	×
	⑥　譲渡による当該新株予約権の取得について当該株式会社の承認を要することとするときは，その旨	×
	⑦　新株予約権について，当該株式会社が一定の事由が生じたことを条件としてこれを取得することができることとするときは，その具体的内容	○
	⑧　当該株式会社が，合併（合併により当該株式会社が消滅する場合に限る。），吸収分割，新設分割，株式交換，株式移転をする場合に，吸収合併存続株式会社，新設合併設立株式会社，吸収分割承継株式会社，新設分割設立株式会社，株式交換完全親株式会社，株式移転設立完全親会社となる会社の新株予約権を新株予約権者に交付することとするときは，その旨及びその条件	×
	⑨　新株予約権を行使した新株予約権者に交付する株式の数に一株に満たない端数がある場合において，これを切り捨てるものとするときは，その旨	×
	⑩　新株予約権に係る新株予約権証券を発行することとするときは，その旨	×
	⑪　⑩の場合に，新株予約権者が記名式と無記名式の転換の請求の全部又は一部をすることができないこととするときは，その旨	×
Ⅱ　募集新株予約権の数		○
Ⅲ　募集新株予約権と引換えに金銭の払込みを要しないこととする場合には，その旨		○
Ⅳ　Ⅲ以外の場合には，募集新株予約権の払込金額又はその算定方法		○（注2）

	募集新株予約権の募集事項	登記
V	募集新株予約権の割当日	×
VI	募集新株予約権と引換えにする金銭の払込みの期日を定めるときは，その期日 ※有償でも定めなくてもよい	×
VII	募集新株予約権が新株予約権付社債に付されたものである場合には，募集社債の総額その他の会社法676条各号に掲げる事項	×
VIII	VIIの場合において，新株予約権買取請求の方法につき別段の定めをするときは，その定め	×
IX	株主に新株予約権の割当てを受ける権利を与えるときは，上記募集事項のほか，その旨及び募集新株予約権の引受けの申込みの期日（241 I ）	×

（注1） I ②を定めない場合（202の2）

I ②（新株予約権の行使に際して出資される財産の価額）を定めることを要しない場合	・金融商品取引法2条16項に規定する金融商品取引所に上場されている株式を発行している株式会社 ・報酬についての定款又は株主総会の決議による定めに従い，新株予約権を発行するとき
代わりに定めるべき事項	①取締役または執行役として又は取締役の報酬等をもってする払込みと引換えに当該新株予約権を発行するものであり，募集株式と引換えにする金銭の払込み又は財産の給付を要しない旨 ②取締役（取締役であった者を含む）以外の者は，当該新株予約権を行使することができない旨

（注2）募集新株予約権の払込金額を登記する。
　　　　ただし，募集新株予約権の払込金額の算定方法を定めた場合において，登記の申請の時までに募集新株予約権の払込金額が確定していないときは，当該算定方法を登記する。

第2章 成年被後見人等についての取締役等の欠格条項の削除

ここが**こう変わった！**

旧法	新法
成年被後見人および被保佐人 → 株式会社の取締役，監査役，執行役，清算人，設立時取締役および設立時監査役の欠格事由	欠格事由を削除し，就任等の手続きを整備した

成年被後見人，被保佐人であると「〇〇になれない」という欠格事由が多くありました。

被後見人になったら，多くの資格を失ってしまう。被後見人になるのは，やめておこう…

この**欠格条項が数多く存在していることが，成年後見制度の利用を躊躇させて**いたのです。

そこで，多くの法律で，欠格条項を削除しました。たとえば，「成年被後見人は司法書士になれない」としていた規定は，今はなくなっています。

会社法においても，**成年被後見人等についての取締役等の欠格条項（改正前の331Ⅰ②）を削除**した上で，法整備をし直しました。

	成年被後見人が取締役に就任する場合 （331の2 I）	被保佐人が取締役に就任する場合	
		原則 （331の2 II）	民876の4 I の代理権を付与する旨の審判がある場合 （331の2 III）
就任承諾の意思表示をするもの	成年後見人	被保佐人	保佐人
就任承諾につき，同意が必要になるもの	成年被後見人の同意 （後見監督人がある場合にあっては，成年被後見人及び後見監督人の同意）	保佐人の同意	被保佐人

※331条の2第1項～第3項に規定する方法によらないでした就任の承諾は，はじめから無効である。

「取締役になる　→　いろいろな契約をする　→　取締役への意思表示を取り消す」ことがあったら，この契約の相手に迷惑がかかります。

　そのため，**就任承諾の意思表示を取り消せる状態は避けるため**，成年被後見人等が取締役等に就任する場合には，成年後見人等の就任承諾の効力が確定的に生ずるような方法を要求することにしました。

　具体的には，
　成年被後見人が取締役等に就任するには，その成年後見人が法定代理人として成年被後見人に代わって就任の承諾をしなければならないこととするとともに，

　成年後見人が成年被後見人に代わって就任の承諾をするには，**成年被後見人の同意（後見監督人がある場合にあっては，成年被後見人および後見監督人の同意）**を得なければならないことにしました。

　また，**被保佐人が取締役等に就任するには，その保佐人の同意を得なければならない**ことにしています。就任承諾をするのは，「被」保佐人ですが（成年後見と比較しましょう），**重要事項なので，保佐人のチェックをかける**ことにしているのです。

　また，保佐人が民法876条の4第1項の代理権を付与する旨の審判に基づき

被保佐人に代わって就任の承諾をする場合は，保佐人は，被保佐人の同意を得た上で，被保佐人に代わって就任の承諾をしなければならないことにしています。

そして，**331条の2第1項～第3項に規定する方法によらないでした就任の承諾は，はじめから無効にして，取消しができないようにしています。**

▶条文Check!

> **第331条の2**
> 成年被後見人が取締役に就任するには，その成年後見人が，成年被後見人の同意（後見監督人がある場合にあっては，成年被後見人及び後見監督人の同意）を得た上で，成年被後見人に代わって就任の承諾をしなければならない。
> 2　被保佐人が取締役に就任するには，その保佐人の同意を得なければならない。
> 3　第1項の規定は，保佐人が民法第876条の4第1項の代理権を付与する旨の審判に基づき被保佐人に代わって就任の承諾をする場合について準用する。この場合において，第1項中「成年被後見人の同意（後見監督人がある場合にあっては，成年被後見人及び後見監督人の同意）」とあるのは，「被保佐人の同意」と読み替えるものとする。

では，次に登記手続きを見ていきましょう（令和3年1月29日法務省民商第14号）。

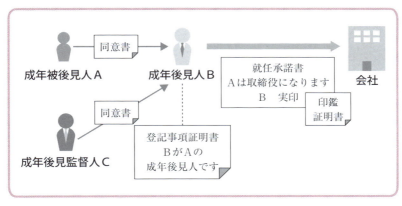

成年被後見人が取締役になる場合は，成年被後見人・後見監督人の同意を得たうえで，成年後見人が就任承諾をすることになるので，その実体行為を立証します。

そして，そもそも成年後見人であることも立証する必要があるため，登記事項証明書が必要になります。

　また，成年被後見人（前記の図でいうとＡ）が代表取締役になる場合には（取締役会設置会社とします），実印の押印と印鑑証明書が必要ですが，これは成年後見人Ｂが実印を押印して，成年後見人Ｂの印鑑証明書を添付します。**成年被後見人が就任するのですが，印鑑証明書は成年後見人のものになることに注意をしてください。**

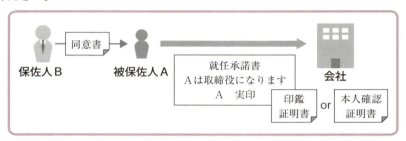

　被保佐人が取締役になる場合には，被保佐人自身が就任承諾の意思表示をすることになります（その際には保佐人の同意が必要です）。そのため，被保佐人が就任承諾をしたこと，保佐人が同意したことを立証します。

　そして，被保佐人が代表取締役にならない場合（取締役会設置会社とします）には，被保佐人Ａ自身の実在性を立証するために本人確認証明書を添付しますが，**被保佐人が代表取締役になる場合には，被保佐人Ａが就任承諾書に実印を押印して，被保佐人自身の印鑑証明書を添付します。**

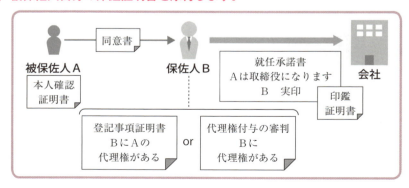

保佐人に，就任承諾をする代理権がある場合には，被保佐人の同意を得て，保佐人が就任承諾をすることができます。
　この場合には，**保佐人に代理権があることを立証するため，被保佐人に係る登記事項証明書又は，代理権を付与する旨の審判に係る審判書を添付**します。

　また，被保佐人（前記の図でいうとＡ）が代表取締役になる場合には（取締役会設置会社とします），実印の押印と印鑑証明書が必要ですが，これは保佐人Ｂが実印を押印して，保佐人Ｂの印鑑証明書を添付します（成年被後見人と同じ結論です）。

　一方，被保佐人が代表取締役とならない場合には，被保佐人の本人確認証明書が必要です。ただ，必ずしも必要というわけではありません。

　登記事項証明書を添付すれば，それで実在性は立証できるため，この場合は，本人確認証明書の添付は不要です。
　ちなみに，一般論では，印鑑証明書を添付すると本人確認証明書は不要になりますが，今回の事例では被保佐人の印鑑証明書を添付することはない（保佐人の印鑑証明書を添付します）ため，その理由での省略は認められないことになります。

　以上をまとめると，次の図のようになります。こちらで暗記作業をしてください。

	成年被後見人が就任した場合	被保佐人が就任した場合	
		被保佐人が就任を承諾した場合	保佐人が民法第876条の4第1項の代理権付与の審判に基づき被保佐人に代わって就任を承諾した場合
就任承諾書	成年後見人の就任承諾書	被保佐人の就任承諾書	保佐人の就任承諾書
登記事項証明書	成年被後見人に係る後見登記等に関する法律第10条に規定する登記事項証明書		被保佐人に係る後見登記等に関する法律第10条に規定する登記事項証明書　又は　代理権を付与する旨の審判に係る審判書
本人確認証明書	（注1）	被保佐人の本人確認証明書（被保佐人が原本と相違ない旨を記載した謄本を含む。）※印鑑証明書を添付した場合を除く。	被保佐人の本人確認証明書（保佐人が原本と相違ない旨を記載した謄本を含む。）（注2）
同意書	成年被後見人（後見監督人がある場合にあっては，成年被後見人及び後見監督人）の同意書	保佐人の同意書	被保佐人の同意書
印鑑証明書（注3）	成年後見人が就任承諾書に押印した印鑑につき市町村長の作成した証明書（注3）	被保佐人が就任承諾書に押印した印鑑につき市町村長の作成した証明書（注4）	保佐人が就任承諾書に押印した印鑑につき市町村長の作成した証明書（注4）

（注1）成年後見登記事項証明書は，本人確認証明書を兼ねることとなる。

（注2）被保佐人に係る後見登記等に関する法律第10条に規定する登記事項証明書を添付した場合は，本人確認証明書を兼ねることとなる。

（注3）取締役会を置かない会社においては成年被後見人が取締役に就任する場合，取締役会設置会社においては成年被後見人が代表取締役に就任する場合（商登規61 Ⅳ，Ⅴ）。

（注4）取締役会を置かない会社においては被保佐人が取締役に就任する場合，取締役会設置会社においては被保佐人が代表取締役に就任する場合（商登規61 Ⅳ，Ⅴ）。

これが説明できるようにしよう

☐ 取締役会を置かない会社においては成年被後見人が取締役に就任する場合，取締役会設置会社においては成年被後見人が代表取締役に就任する場合には，誰の印鑑証明書が必要か

☐ 取締役会を置かない会社においては被保佐人が取締役に就任する場合，取締役会設置会社においては被保佐人が代表取締役に就任する場合には，誰の印鑑証明書が必要か

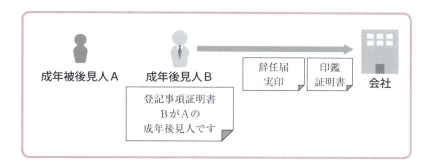

では，次に取締役になった成年被後見人が辞任する場面を見てみましょう。辞任自体は，

・**成年被後見人自身がする**
・**成年後見人にしてもらう**

という2つの手法が認められています。

上記は，成年後見人が代理して行う場合のイメージと添付書類です。代理権があることを登記事項証明書で立証して，辞任の意思を立証することで行います。

ただ，この取締役が，

・登記所に印鑑を提出している会社にあって，辞任する成年被後見人が当該印鑑を提出している者
（たとえば，代表取締役であって，なおかつ，届出印を届け出ている事実上のトップの場合）

・登記所に印鑑を提出していない会社にあって，辞任する成年被後見人が会社の代表者である場合

には，印鑑証明書の添付が必要になります。

　辞任届は，成年後見人が作っているため，そこに成年後見人が実印を押印して，**成年後見人の印鑑証明書を添付します**（成年後見人は取締役ではないので，届出印を押印することはないので，この印鑑証明書は省略できません）。

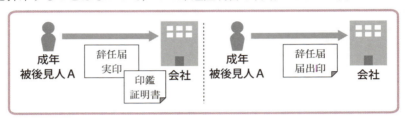

　辞任は，取締役である成年被後見人自身もできます。 会社法331条の2第4項があるため，取締役自身が行うことが認められているのです。

　この場合，成年被後見人自身が行った辞任を立証するとともに，下記の場合には印鑑証明書の添付が必要です。

・登記所に印鑑を提出している会社にあって，辞任する成年被後見人が当該印鑑を提出している者

　（たとえば，代表取締役であって，なおかつ，届出印を届け出ている事実上のトップの場合）

・登記所に印鑑を提出していない会社にあって，辞任する成年被後見人が会社の代表者である場合

　ただ，**この成年被後見人が辞任届に届出印を押印している場合には，届出印の確認は登記所側でできるので，印鑑証明書を別途添付する必要はありません。**

前記は，取締役である被保佐人が辞任をする場合のイメージと添付書面になっています。これは，被保佐人自身が行う必要があり，その場合の添付書類などは，**成年被後見人自身が辞任届をする場合と同様**です。

　以上を図表でまとめておきます。こちらで，暗記作業をしてください。

	成年被後見人が取締役等を辞任する場合		被保佐人が取締役等を辞任する場合
辞任の方式	成年後見人が成年被後見人に代わって辞任の意思表示をする方法	成年被後見人が自ら辞任の意思表示をする方法	被保佐人が自ら辞任の意思表示をする
添付書面	成年後見人の辞任届	成年被後見人の辞任届	被保佐人の辞任届
	成年後見登記事項証明書		
	成年後見人が辞任届に押印した印鑑につき市町村長の作成した証明書（登記所に印鑑を提出している会社にあっては辞任する成年被後見人が当該印鑑を提出している者である場合に限り，登記所に印鑑を提出していない会社にあっては辞任する成年被後見人が会社の代表者である場合に限る。）	辞任届に押印した印鑑につき市町村長の作成した証明書（登記所に印鑑を提出している会社にあっては辞任する成年被後見人が当該印鑑を提出している者である場合に限り，登記所に印鑑を提出していない会社にあっては辞任する成年被後見人が会社の代表者である場合に限る。ただし，当該印鑑と当該被後見人が登記所に提出している印鑑とが同一であるときは，市町村長の作成した証明書を添付することを要しない。）	被保佐人が辞任届に押印した印鑑につき市町村長の作成した証明書（登記所に印鑑を提出している会社にあっては辞任する被保佐人が当該印鑑を提出している者である場合に限り，登記所に印鑑を提出していない会社にあっては辞任する被保佐人が会社の代表者である場合に限る。ただし，当該印鑑と当該被保佐人が登記所に提出している印鑑とが同一であるときは，市町村長の作成した証明書を添付することを要しない。）

第6編　その他の改正　◆　第2章　成年被後見人等についての取締役等の欠格条項の削除

ここがこう変わった！

重要度 A

旧法	新法
取締役が，後見開始の審判を受ける → 取締役は退任する 取締役が，保佐開始の審判を受ける → 取締役は退任する	取締役が，後見開始の審判を受ける → 取締役は退任する 取締役が，保佐開始の審判を受ける → 取締役は退任しない

　従来，取締役が，成年被後見人，被保佐人になると，欠格事由に該当したために退任していました。改正により，欠格事由から外れたため，処理が少々変わります。
　注目すべきは，**株式会社と取締役等との関係は委任契約**という点です。

　そのため，取締役等が後見開始の審判を受けたことは委任契約の終了事由になるので，取締役は退任します。
　一方，取締役等がその在任中に保佐開始の審判を受けたときであっても，委任契約の終了事由でないため，当該取締役等は，当然にはその地位を失わないのです。

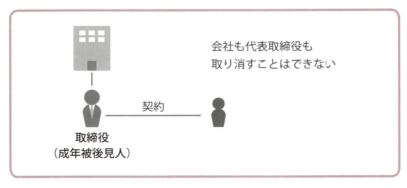

　成年被後見人の代表取締役が，会社の代表として契約をしたのですが，その契

約内容が相当会社にとって不利な内容のものでした。

この契約を取り消すことができるのでしょうか。

取締役等の職務執行の効果は株式会社に帰属し，**成年被後見人等自身には帰属しないため，成年被後見人等の保護を目的としてその取消しを認める必要はありません**。

そして，会社の所有者である株主は，**自ら取締役等に選任した成年被後見人等の行為によって発生する不利益を甘受すべき**でしょう。

そこで，331条の2第4項は，成年被後見人または被保佐人がした取締役の資格に基づく行為は，行為能力の制限によっては取り消すことができないことにしているのです。

▶条文 Check!

第331条の2
4　成年被後見人又は被保佐人がした取締役の資格に基づく行為は，行為能力の制限によっては取り消すことができない。

これが説明できるようにしよう

- ☐ 成年被後見人が取締役に就任する場合，誰が就任承諾の意思表示をするのか（そして，誰の同意が必要か）
- ☐ 被保佐人が取締役に就任する場合，誰が就任承諾の意思表示をするのか（そして，誰の同意が必要か）
- ☐ 取締役が後見開始の審判を受けると，取締役を退任するのか

第7編 商業登記法の改正

改正のポイント
- 印鑑届の義務がなくなった
- 登記所作成の印鑑証明書を添付する場面が大幅に縮小した
- 印鑑届の添付書類が変わった
- オンライン手続きでできることが変わった

第1章 印鑑届義務の廃止に伴う改正

ここが こう変わった！ 重要度 A

旧法	新法
登記の申請書に押印すべき者は，あらかじめ，その印鑑を登記所に提出しなければならない	印鑑届の義務はなくなった

　オンライン登記申請では，申請書に押印されることがなく，登記所においては電子署名や電子証明書により申請権限を確認しています。そのため，すべての申

請人に対して，一律に印鑑提出を義務付ける必要がないと言われていました。

そこで，**一律に提出義務を定めた20条を削除し，印鑑の提出を要しないものとする**ことにしました。

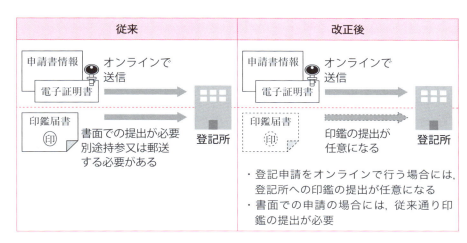

上記のように，オンラインで登記申請をするときには，印鑑届が不要になります。ただ，オンラインで登記申請をする場合だけです。

書面による申請については，引き続き，申請人には印鑑の提出義務が課され，申請書又は代理権限証書に登記所届出印の押印を求める従前の取扱いは変わりません。

そして，申請書に押印された印鑑が登記所届出印と異なるときは，その申請は却下されます。

登記所に印鑑を提出している会社	登記所に印鑑を提出していない会社
・書面申請をする会社 ・オンライン申請をするが印鑑届をした会社	・オンライン申請をする会社

これにより，法人は上記の2タイプに分かれることになります。印鑑が問題になるときは，どちらの会社の話なのかを意識して読む必要があります。

これにより，下記の過去問の正誤が変わります。

過去問の正誤はこうなる

インターネットを利用した登記の申請により会社の設立の登記を申請する場合には，送信された電子署名及び電子証明書により会社を代表すべき者の本人確認が可能なので，その者の印鑑を登記所に提出する必要はない。
[平17-31-ウ]

➡ ○

株式会社の代表取締役2名がそれぞれ代表権を有する場合であっても，いずれかの代表取締役が印鑑を登記所に提出すれば足りる。 [平6-32-1]

➡ ✕

▶条文Check!

第20条（印鑑の提出）　すべて削除
登記の申請書に押印すべき者は，あらかじめ，その印鑑を登記所に提出しなければならない。改印したときも，同様とする。
2　前項の規定は，委任による代理人によつて登記の申請をする場合には，委任をした者又はその代表者について適用する。
3　前二項の規定は，会社の支店の所在地においてする登記の申請については，適用しない。

商業登記規則第35条の2　すべて削除
申請人又はその代表者が申請書に押印する場合には，登記所に提出している印鑑を押印しなければならない。
2　委任による代理人の権限を証する書面には，前項の印鑑を押印しなければならない

ここがこう変わった！

重要度 A

旧法	新法
会社分割・株式交換（移転）登記において，分割会社・完全子会社の印鑑証明書の添付を要する場合があった	印鑑提出義務を廃止した

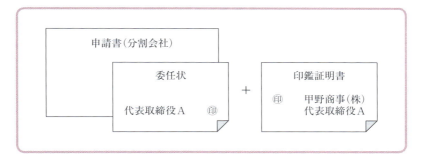

分割会社の申請書に添付する委任状には，分割会社の代表取締役が届出印を押印しています。これを承継会社の管轄登記所に提出するのですが，承継会社と分割会社の管轄が異なれば，「この押印が分割会社の届出印かどうか」の確認ができません。

そのため，管轄が異なる場合には，分割会社の印鑑証明書を添付することが必要でした。

ただ，現在，登記所間はネットワークでつながっています。

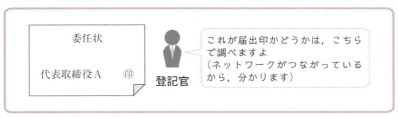

現行の登記情報システムにおいては，**どの登記所からも，印鑑の確認をするこ**

とが可能なので，印鑑証明書を添付させる必要はありません。

そこで，今回の改正で印鑑証明書の添付の規定を削除しました。

この改正により，下記の過去問の正誤が変わります。

過去問の 正 誤 はこうなる

> 新設分割株式会社がその本店の所在地において新設分割による変更の登記の申請をする場合において，当該本店の所在地を管轄する登記所の管轄区域内に新設分割設立株式会社の本店がないときは，当該変更の登記の申請書には，代理人の権限を証する書面を除き，他の書面の添付を要しない。
> 〔平21-31-イ〕

➡ 〇

▶条文Check!

第87条
本店の所在地における吸収分割会社又は新設分割会社がする吸収分割又は新設分割による変更の登記の申請は，当該登記所の管轄区域内に吸収分割承継会社又は新設分割設立会社の本店がないときは，その本店の所在地を管轄する登記所を経由してしなければならない。
2　本店の所在地における前項の登記の申請と第85条又は前条の登記の申請とは，同時にしなければならない。
3　第1項の登記の申請書には，削除（登記所において作成した吸収分割会社又は新設分割会社の代表取締役の印鑑の証明書を添付しなければならない。この場合においては，）第18条の書面を除き，他の書面の添付を要しない。

次のページでは，企業再編の横断整理の図を入れています。まとめで，利用してください。

◆ 組織再編行為等の登記まとめ ◆

		登記	登記の種類	申請をする者	添付書面（本店所在地）
組織変更	組織変更後の会社	必要	設立登記	代表者	商登76・107（商登114・123）
	組織変更前の会社	必要	解散登記	代表者	不要
吸収合併	吸収合併存続会社	必要	変更登記	存続会社の代表者	商登80・108 I（商登115・124）
	吸収合併消滅会社	必要	解散登記	存続会社の代表者（商登82 I）	不要
新設合併	新設合併設立会社	必要	設立登記	設立会社の代表者	商登81・108 II（商登115・124）
	新設合併消滅会社	必要	解散登記	設立会社の代表者（商登82 I）	不要
吸収分割	吸収分割承継会社	必要	変更登記	承継会社の代表者	商登85・109 I（商登116・125）
	吸収分割会社	必要	変更登記	分割会社の代表者	委任状
新設分割	新設分割設立会社	必要	設立登記	新設会社の代表者	商登86・109 II（商登116・125）
	新設分割会社	必要	変更登記	分割会社の代表者	委任状
株式交換	株式交換完全親会社	△（注1）	変更登記	完全親会社の代表者	商登89・126
	株式交換完全子会社	△（注2）	変更登記	完全子会社の代表者	委任状
株式移転	株式移転設立完全親会社	必要	設立登記	完全親会社の代表者	商登90
	株式移転完全子会社	△（注2）	変更登記	完全子会社の代表者	委任状
持分会社の種類変更	変更後の会社	必要	設立登記	代表者	商登105・113・122
	変更前の会社	必要	解散登記	代表者	不要
特例有限会社の商号変更	変更後の会社	必要	設立登記	代表者	商登46 II整備136 X X
	変更前の会社	必要	解散登記	代表者	不要

（注1）株式交換により資本金の額や発行済株式の総数に変動が生じたときは登記を申請する必要があるが，登記事項に変動が生じない場合は登記を申請する必要がない（商登76・79・84・107 II・108 III・109 III・114・115 I・116 I・123・124・125と比較）。

（注2）株式交換契約新株予約権又は株式移転計画新株予約権がある場合は登記を申請する必要があるが，ない場合は，登記事由は発生しない（商登91 I，会社911 III）。

ここが こう変わった！

重要度 C

旧法
届出印の提出をしたものは，電子証明書の発行を請求できる

新法
登記所に印鑑を提出していなくても，商業登記電子証明書の発行請求を申請できる

今までは印鑑届をした登記所に印鑑証明書の発行を請求できるとしていましたが，**今後は印鑑届をしない会社がでてきます。**

そこで，会社の代表者等は登記所に印鑑を提出していなくても商業登記電子証明書の発行請求を申請できるように改正しました。

▶条文Check!

> **第12条の2（電磁的記録の作成者を示す措置の確認に必要な事項等の証明）**
> 前条第1項各号に掲げる者（以下この条において「被証明者」という。）は，この条に規定するところにより次の事項（第2号の期間については，法務省令で定めるものに限る。）の証明を請求することができる。ただし，代表権の制限その他の事項でこの項の規定による証明に適しないものとして法務省令で定めるものがあるときは，この限りでない。

登記の申請人に印鑑の提出義務がなくなり，登記所に印鑑が提出されていない法人が存在することを前提に，代表者の印鑑について市町村長の作成した証明書の使用に関する規定の整備がされています。具体的には，以下の3つに分類されます。

①登記所届出印を押印しなければならない書面	②印鑑を提出している場合には登記所届出印を押印すべき書面	③登記所届出印の押印又は押印した印鑑につき市町村長の作成した証明書の添付が必要な書面
ア　申請書 イ　代理権限証書	ア　登記所に提出する印鑑を明らかにする書面(印鑑届書) イ　支配人又は代表者若しくは管財人等の職務を行うべき者の印鑑に相違ないことを保証した書面(保証書)	ア　商登法30条2項及び31条2項に規定する譲渡人の承諾書 イ　代表取締役等に係る辞任を証する書面

この中で、特に重要なものを(②アイ・③イ)を説明していきます。

旧法
支配人の印鑑届には、登記所作成の印鑑証明書が必要だった

新法
登記所作成の印鑑証明書は不要になった

重要度 B

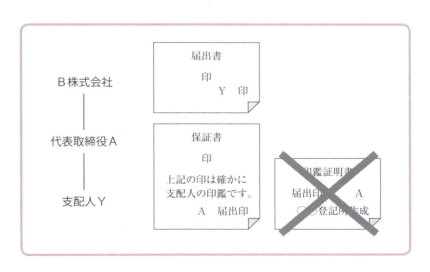

　ある会社の支配人が印鑑届をする場合には、届出書自体は支配人のYが作ります。ただ支配人でも何でもない人が、印鑑届をすると困るので、「間違いないで

すよ。この人は支配人です。代表取締役A」という保証書を作ってもらい，代表取締役が作っていることを立証するために，そこに代表取締役の届出印を押すことになっています。

そして，この保証書に押印した印が届出印であることを立証するため，印鑑証明書を添付していました。

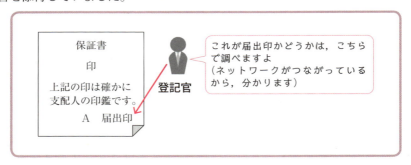

現行の登記情報システムにおいては，**どの登記所からも，印鑑の確認をすることが可能なので，印鑑証明書を添付させる必要はありません。**

そこで，今回の改正で印鑑証明書の添付の規定を削除しました（企業再編の印鑑証明書と同じ理屈です）。

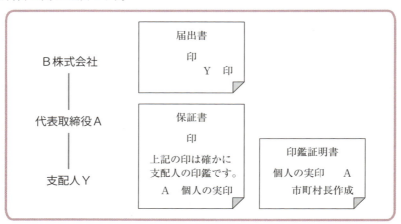

今回の改正で，**印鑑届をすることは義務ではなくなりました。**印鑑届をしていない会社の場合は，上記のとおり，「個人の実印を押印して」「個人の実印であることを立証する」という仕組みにしています。

届出印は登記所のネットワークで分かりますが，**個人の実印は市町村長が管理**

しているため，登記所には分かりません。そのため，市町村長作成の印鑑証明書の添付を要求しているのです。

	商人（会社の代表者）が登記所に印鑑を提出している場合	商人（会社の代表者）が登記所に印鑑を提出していない場合
保証書に押印する印鑑	登記所に提出している印鑑	市町村長に提出している印鑑
添付書面	①商人が支配人の印鑑に相違ないことを保証した書面	①当該法人の代表者が当該支配人の印鑑に相違ないことを保証した書面 ②当該書面の印鑑につき市町村長の作成した証明書（作成後3か月以内）

また，会社の代表者が法人の場合についても規律が改められました。たとえば，A合名会社の代表社員がB株式会社のような場合です。

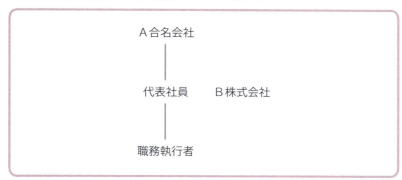

ここで，B株式会社は実際に仕事をする職務執行者を選ぶことになりますが，この職務執行者がB株式会社の代表取締役か，代表取締役でないかで手続きが大きく変わります。

◆ 会社の代表者が法人 (その職務執行者＝当該法人の代表者) (規則9Ⅴ④) ◆

	当該代表者である法人の代表者の職務を行うべき者が登記所に印鑑を提出している場合	当該代表者である法人の代表者の職務を行うべき者が登記所に印鑑を提出していない場合
印鑑届書に押印する印鑑	登記所に提出している印鑑	市町村長に提出している印鑑
添付書面	・登記所の作成した当該法人の代表者の資格を証する書面（作成後3か月以内）（注）	・登記所の作成した当該法人の代表者の資格を証する書面（作成後3か月以内）（注） ・押印した印鑑につき市町村長の作成した証明書（作成後3か月以内）

(注) 印鑑届書の提出を受ける登記所において登記がされている法人（当該登記所の管轄区域内に本店又は主たる事務所を有するものに限る。）又は書面に会社法人等番号を記載した法人においては不要。

　先ほどの例でいえば，Ｂ株式会社の代表取締役が職務執行者の場合，その者が印鑑届書に押印することになりますが，印鑑届をしているかどうかで，「登記所に提出している印鑑」を押印するのか，「市町村長に提出している印鑑」を押印するかが変わってきます。

　また，「登記所に提出している印鑑」かどうかは登記所側で確認できるので印鑑証明書の添付は不要ですが，「市町村長に提出している印鑑」かどうかは確認できないので，市町村長の作成した印鑑証明書の添付が必要になります。
　なお，そもそも，Ｂ株式会社の代表取締役かどうかの確認のため，資格証明書の添付が必要になります（ただ，印鑑届書の提出を受ける登記所において登記がされている法人の場合や，書面に会社法人等番号を記載した法人においては，登記所で確認できるので不要になります）。

◆ 会社の代表者が法人（その職務執行者≠当該法人の代表者）（規則９Ⅴ⑤）◆

	当該法人の代表者が登記所に印鑑を提出している場合	当該法人の代表者が登記所に印鑑を提出していない場合
保証書に押印する印鑑	登記所に提出している印鑑	市町村長に提出している印鑑
添付書面	①登記所の作成した当該法人の代表者の資格を証する書面（作成後３か月以内）（注） ②当該法人の代表者が当該会社の代表者の職務を行うべき者の印鑑に相違ないことを保証した書面（当該登記所に提出している印鑑を押印したもの）	①登記所の作成した当該法人の代表者の資格を証する書面（作成後３か月以内）（注） ②当該法人の代表者が当該会社の代表者の職務を行うべき者の印鑑に相違ないことを保証した書面 ③②の書面に押印した印鑑につき市町村長の作成した証明書（作成後３か月以内）

（注）印鑑届書の提出を受ける登記所において登記がされている法人（当該登記所の管轄区域内に本店又は主たる事務所を有するものに限る。）又は書面に会社法人等番号を記載した法人においては不要。

　先ほどの例でいえば，Ｂ株式会社の従業員が職務執行者になった場合には，従業員が印鑑届書に押印しますが，代表取締役は「この人で間違いありません」という保証書を作ります。

　その保証書に代表取締役が押印しますが，その押印は印鑑届をしているかどうかで，「登記所に提出している印鑑」を押印するのか，「市町村長に提出している印鑑」を押印するかは変わってきます。

　「登記所に提出している印鑑」かどうかは登記所側で確認できますが，「市町村長に提出している印鑑」かどうかは確認できないので，**市町村長の作成した印鑑証明書の添付が必要になります。**

　また，代表取締役かどうかの確認が必要な点，それが省略できる場合があることについては「職務執行者が当該法人の代表者の場合」と同じです。

▶条文 Check!

商業登記規則第9条（印鑑の提出等）

5　第1項の書面には，次の各号に掲げる印鑑を提出する者の区分に応じ，それぞれ当該各号に定める書面を添付しなければならない。ただし，同項の書面の提出を受ける登記所において登記がされている法人（当該登記所の管轄区域内に本店又は主たる事務所を有するものに限る。）又は同項の書面に会社法人等番号を記載した法人の代表者の資格を証する書面については，この限りでない。

一～二　（省略）

三　支配人　次のイ又はロに掲げる場合の区分に応じ，当該イ又はロに定める書面

　イ　商人（当該商人が会社である場合にあつては，当該会社の代表者（当該代表者が法人である場合にあつては，当該代表者の職務を行うべき者）。以下この号において同じ。）が登記所に印鑑を提出している場合　商人が支配人の印鑑に相違ないことを保証した書面で当該登記所に提出している印鑑を押印したもの

　ロ　商人が登記所に印鑑を提出していない場合　商人が支配人の印鑑に相違ないことを保証した書面及び当該書面に押印した印鑑につき市町村長の作成した証明書で作成後3月以内のもの

四　会社の代表者が法人である場合における当該会社の代表者の職務を行うべき者（当該法人の代表者（当該代表者である法人の代表者が法人である場合にあつては，当該代表者である法人の代表者の職務を行うべき者。以下この号において同じ。）に限る。）　次のイ又はロに掲げる場合の区分に応じ，当該イ又はロに定める書面

　イ　当該法人の代表者が登記所に印鑑を提出している場合　登記所の作成した当該法人の代表者の資格を証する書面で作成後3月以内のもの

　ロ　当該法人の代表者が登記所に印鑑を提出していない場合　イに定める書面及び第1項後段の規定により同項の書面に押印した印鑑につき市町村長の作成した証明書で作成後3月以内のもの

五　会社の代表者が法人である場合における当該会社の代表者の職務を行うべき者（前号に掲げる者を除く。）　次のイ又はロに掲げる場合の区分に応じ，当該イ又はロに定める書面

イ　当該法人の代表者（当該代表者が法人である場合にあつては，当該代表者の職務を行うべき者。以下この号において同じ。）が登記所に印鑑を提出している場合　登記所の作成した当該法人の代表者の資格を証する書面で作成後3月以内のもの及び当該法人の代表者が当該会社の代表者の職務を行うべき者の印鑑に相違ないことを保証した書面で当該登記所に提出している印鑑を押印したもの

ロ　当該法人の代表者が登記所に印鑑を提出していない場合　登記所の作成した当該法人の代表者の資格を証する書面で作成後3月以内のもの，当該法人の代表者が当該会社の代表者の職務を行うべき者の印鑑に相違ないことを保証した書面及び当該書面に押印した印鑑につき市町村長の作成した証明書で作成後3月以内のもの

ここがこう変わった！

重要度　B

旧法
代表取締役若しくは代表執行役又は取締役若しくは執行役であって，印鑑を提出している者の辞任
→　届出印の押印
又は　実印＋個人の印鑑証明が必要

新法
登記所に印鑑を提出した者がある場合とない場合で，結論が変わる

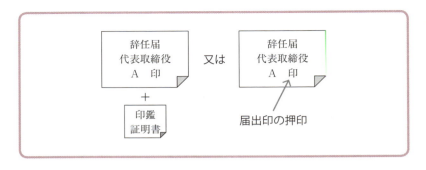

　代表取締役若しくは代表執行役又は取締役若しくは執行役(以下「代表取締役等」という。)であって,印鑑を提出している者の辞任による変更の登記の申請書には,当該代表取締役等が辞任したことを証する書面に押印した印鑑と当該代表取締役等に係る登記所届出印とが同一であるときを除き,当該印鑑につき市町村長作成の証明書を添付しなければならないとされていました。

　登記所に印鑑を提出した者がある場合にあっては,取扱いに変更はありません。
　一方,全ての代表者が登記所に印鑑を提出していない会社の代表者が辞任する場合には,届出印を押印することができないため,**当該会社の代表者が辞任したことを証する書面に押印した印鑑につき市町村長の作成した証明書を添付することが要求されます**。

◆ 代表取締役若しくは代表執行役又は取締役若しくは執行役の辞任による変更の登記 ◆

	登記所に印鑑を提出した者がある場合	全ての代表者が登記所に印鑑を提出していない会社
場面	印鑑を提出している者が辞任する場合	会社の代表者が辞任する場合
要求される規制	届出印の押印 又は　実印+個人の印鑑証明が必要 (従前と同様)	実印+個人の印鑑証明が必要

　従来は,「印鑑を提出している者が辞任する場合」と規定していました。代表取締役がＡＢＣ３人いたとしても,印鑑届をしているのがＡのみであれば,Ａが辞任するときだけ規制がかかりました。

　ただ,今回の改正で印鑑届をしない会社ができたため,そういった「全ての代

表者が登記所に印鑑を提出していない会社」の場合には，**会社の代表者が辞任する場合すべてで規制がかかります**（代表取締役がＡＢＣと３人いれば，どの代表取締役が辞任する場合でも規制されるのです）。

▶条文 Check!

商業登記規則第61条第8項（添付書面）
代表取締役若しくは代表執行役又は取締役若しくは執行役（登記所に印鑑を提出した者がある場合にあつては当該印鑑を提出した者に限り，登記所に印鑑を提出した者がない場合にあつては会社の代表者に限る。以下この項において「代表取締役等」という。）の辞任による変更の登記の申請書には，当該代表取締役等（その者の成年後見人又は保佐人が本人に代わつて行う場合にあつては当該成年後見人又は保佐人）が辞任を証する書面に押印した印鑑につき市町村長の作成した証明書を添付しなければならない。ただし，登記所に印鑑を提出した者がある場合であつて，当該書面に押印した印鑑と当該代表取締役等が登記所に提出している印鑑とが同一であるときは，この限りでない。

これが説明できるようにしよう

☐ 印鑑届をする義務がどのように変わったのか（オンライン申請する場合，書面申請する場合）
☐ 会社分割において，分割会社の添付書類についての改正点は？
☐ 支配人が印鑑届をする場合，会社の代表者はどの書面に，どのような押印をするのか
☐ 代表取締役等の辞任の登記の添付書類の改正点は？

第2章 電子情報処理組織による印鑑の提出等及び電子証明書による証明の請求

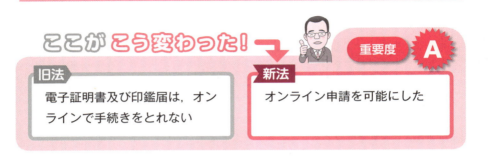

重要度 A

旧法
電子証明書及び印鑑届は、オンラインで手続きをとれない

新法
オンライン申請を可能にした

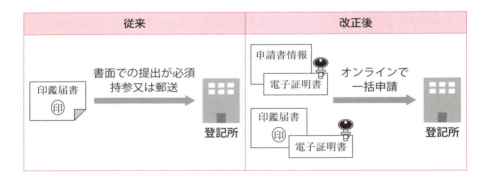

　オンラインによる印鑑の提出及び廃止の届出は、オンラインによる登記の申請と同時に行う場合にのみ可能です。印鑑の提出及び廃止の届出のみを単独で行うことはできません。

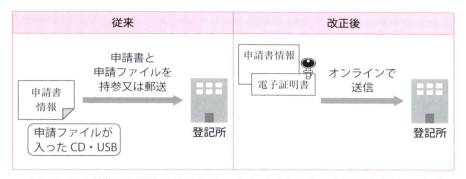

　オンライン手続きを促進させるため，今までできなかった手続きがオンラインでできるようになりました。具体的には**「電子証明書の発行請求」及び「印鑑届」がオンラインで可能になりました。**

　ただし，印鑑の提出については，「オンラインによる登記の申請と同時に行う場合」にのみ，オンラインで手続きが取れるようになっています。

　印鑑の提出及び廃止の届出のみを，オンラインで行うことはできません。

　これにより，下記の過去問の正誤が変わります。

過去問の正誤はこうなる

> 電子証明書の発行の請求は，オンラインによってすることができる。
> 　　　　　　　　　　　　　　　　　　　　　　　　　　　　　［平21-33-ア］
>
> ➡ ○
>
> 印鑑の提出は，オンラインによってすることができる。　　　［平21-33-エ］
>
> ➡ ○
>
> オンライン登記申請をする場合には，印鑑届書の提出に代えて，印鑑の印影に係る情報を同時に送信することができる。　　　　　　　［平30-28-オ］
>
> ➡ ○

　次に，改正後のオンライン手続きの可否をまとめた図表を入れておきます。こちらで暗記作業をしてください。

◆ オンライン申請の対象 ◆

オンライン申請の対象となるもの	オンライン申請の対象とならないもの
① 登記の申請（商規101Ⅰ①）	① 審査請求
② ①と同時にする受領証の交付又は送付（商規101Ⅰ①）	
③ オンライン登記申請の取下げ	
④ オンライン登記申請の補正	
⑤ 行政機関による登記の嘱託（15）	② 裁判所による登記の嘱託（登研678-8）
⑥ 印鑑証明書の交付（郵送等による送付又は窓口受取）の請求（商規101Ⅰ④） ⑦ 印鑑の提出（商規101Ⅰ②）（注） ⑧ 電子証明書発行請求（商規101Ⅰ③） ⑨ 登記事項証明書の交付（郵送等による送付又は窓口受取）の請求（商規101Ⅰ④）	
⑩ 電子証明書で証明した事項の変更の有無についての証明の請求	

（注）印鑑の提出及び廃止の届出は，オンラインによる登記の申請と同時に行う場合にのみ可能

▶条文Check!

商業登記規則第101条（電子情報処理組織による登記の申請等）
次に掲げる申請，提出，届出又は請求（以下「申請等」という。）は，情報通信技術活用法第6条第1項の規定により，同項に規定する電子情報処理組織を使用する方法によつてすることができる。ただし，当該申請等は，法務大臣が定める条件に適合するものでなければならない。
　一　登記の申請（これと同時にする受領証の交付の請求を含む。以下同じ。）
　二　印鑑の提出又は廃止の届出（前号の登記の申請と同時にする場合に限る。）
　三　電子証明書による証明の請求
　四　登記事項証明書又は印鑑の証明書の交付の請求

これが説明できるようにしよう

- 「電子証明書の発行請求」はオンライン手続きで可能か
- 「印鑑届」のオンライン手続きはどういう場合に可能か

第3章 その他の改正点

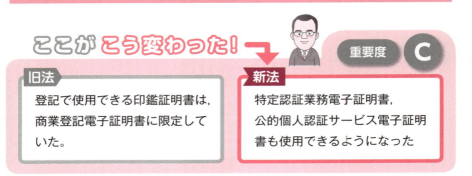

旧法	新法
登記で使用できる印鑑証明書は、商業登記電子証明書に限定していた。	特定認証業務電子証明書、公的個人認証サービス電子証明書も使用できるようになった

重要度 C

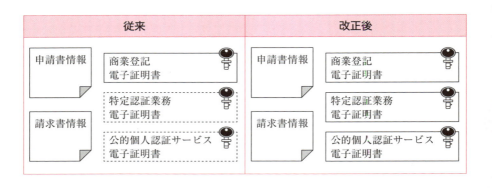

　商業登記の申請や各種の請求をオンラインで行う場合には、電子証明書が必要ですが、その電子証明書は「商業登記電子証明書」に限定していました。

　オンライン手続きをもっと簡便にしたいという目標のもと、今回の改正で多くの電子証明書が認められるようになりました。その結果、たとえば、マイナンバーカードに格納した公的個人認証サービスの電子証明書なども使用することができるようになります。

ここが こう変わった！ 重要度 C

旧法
商業登記に使用する書面のほとんどに、押印を要求していた

新法
下記の図のとおり、見直しをした

押印の取扱い	該当する書面
押印が不要になった	登記簿の附属書類の閲覧の申請書 事業を廃止していない旨の届出 再使用証明申出書
引き続き押印が必要	定款、取締役会議事録等 不正登記防止申出書及び取下書 登記された事項につき無効の原因があることを証する書面
押印の有無について審査を要しない	株主リスト 資本金の額の計上に関する証明書

　国民や事業者等に対して押印を求めている行政手続について、原則として全ての見直し対象手続が行われています。

　商業・法人登記手続に関しても、上記のとおり押印規定の見直しがされています。

　詳細は下記のとおりです（令和3年1月29日法務省民商第10号から引用しています）。

(1) 定款、取締役会議事録等

　定款、取締役会議事録等の法令の規定により押印又は印鑑証明書の添付を要する書面については、引き続き、押印を要する。

　なお、ある取締役の一致があったことを証する書面については、取締役会議事録に準ずるものとして、引き続き、署名又は記名押印を要するものとする。

（2）不正登記防止申出書及び取下書

不正登記防止申出書及び取下書については，申請書に準ずるものとして，引き続き，押印を要するものとする。

（3）登記された事項につき無効の原因があることを証する書面

登記された事項につき無効の原因があることを証する書面（以下「無効原因証書」という。）については，作成者全員の印鑑につき，登記の抹消の申請書に記載された抹消すべき登記事項に係る登記の申請書に添付された書面に押印された印鑑と同一の印鑑若しくは登記所届出印を押印し，又は無効原因証書に押印された印鑑につき市町村長の作成した証明書の添付を要するとする取扱いに変更はない。

（4）その他の書面

主要な株主の氏名又は名称，住所及び議決権数等を証する書面，資本金の額の計上に関する証明書等，法令上，押印又は印鑑証明書の添付を要する旨の規定がない書面については，押印の有無について審査を要しないものとする。

また，商登規49条2項又は61条7項の謄本については，押印の有無について審査を要しないものとする。

（5）訂正印

申請書その他の登記に関する書面につき文字の訂正，加入又は削除をしたときにする訂正印（商登規48Ⅲ）等，法令上の根拠があるものを除き，その有無について審査を要しないものとする。

（6）契印

申請書への契印（商登規35Ⅲ）等，法令上の根拠があるものを除き，契印の有無について審査を要しないものとする。

| 付録① | 令和元年会社法改正通達（令和3年1月29日法務省民商10号） |

法務省民商第１０号
令和３年１月２９日

法　務　局　長　殿
地　方　法　務　局　長　殿

法　務　省　民　事　局　長
（　公　印　省　略　）

会社法の一部を改正する法律等の施行に伴う関係法律の整備等に関する
法律の施行に伴う商業・法人登記事務の取扱いについて（通達）

　会社法の一部を改正する法律の施行に伴う関係法律の整備等に関する法律
（令和元年法律第７１号。以下「整備法」という。）及び商業登記規則等の一
部を改正する省令（令和３年法務省令第２号。以下「改正省令」という。）の
一部が本年２月１５日から施行されることとなり，また，本日付け法務省民商
第９号当職通達「商業登記等事務取扱手続準則の一部改正について」（以下「改
正通達」という。）を発出したところです。

　さらに，定款認証及び設立登記の同時申請を本年２月１５日から開始します。

　これらに伴う商業・法人登記事務の取扱いについては，下記の点に留意する
よう，貴管下登記官に周知方お取り計らい願います。

　なお，本通達中，「商登法」とあるのは整備法による改正後の商業登記法（昭
和３８年法律第１２５号）を，「商登規」とあるのは改正省令による改正後の
商業登記規則（昭和３９年法務省令第２３号）を，「商登準則」とあるのは改
正通達による改正後の商業登記等事務取扱手続準則（平成１７年３月２日付け
法務省民商第５００号民事局長通達）をいい，特に改正前の条文を引用すると
きは，「旧」の文字を冠するものとします。

記

第1　印鑑提出の任意化

　1　概要

　　　旧商登法においては，登記の申請人に印鑑の提出義務を課していた（旧商登法第２０条第１項）ところ，整備法において，本規定が削除されるとともに，一律に印鑑の提出又は登記所において作成した印鑑の証明書の添付を求める規定（旧商登法第５１条第１項，第８７条第３項，第９１条第３項，旧商登規第３６条の２）及び印鑑の提出を前提とした申請の却下規定（旧商登法第２４条第７号）も削除された。

　　　これに伴い，改正省令では，商登規に申請書に押印すべき印鑑に関する規定が置かれたほか，登記所に印鑑が提出されていない法人が存在することを前提として，代表者の印鑑について市町村長の作成した証明書の使用に関する規定の整備がされた。

　2　押印すべき印鑑の種類

　(1) 登記所届出印を押印しなければならない書面（申請書，代理権限証書）

　　　申請人又はその代表者が申請書に押印する場合には，登記所に提出している印鑑（以下「登記所届出印」という。）を押印しなければならないとされ，また，代理人によって登記を申請する場合におけるその権限を証する書面（以下「代理権限証書」という。）にも，登記所届出印を押印しなければならないとされた（商登規第３５条の２）。

　　　これは，書面による申請（オンラインによる申請において代理権限証書を書面により作成し，登記所に提出又は送付した場合を含む。）については，旧商登法第２０条の削除後においても，引き続き，申請人には印鑑の提出義務が課され，申請書又は代理権限証書に登記所届出印の押印を求める従前の取扱いを維持するものである。

　　　このとき，申請書に押印された印鑑が登記所届出印と異なるときは，その申請は却下される（商登法第２４条第６号）。代理権限証書に押印された印鑑が登記所届出印と異なるときも同様である（商登法第２４条第７号）。

　(2) 印鑑を提出している場合には登記所届出印を押印すべき書面

　　ア　登記所に提出する印鑑を明らかにする書面（印鑑届書）

　　　　印鑑を提出する者（後見人である法人の代表者，会社の代表者が法人である場合における当該会社の代表者の職務を行うべき者，管財人

等が法人である場合において当該管財人等の職務を行うべき者として指名された者）が登記所に印鑑を提出している場合には，従前と同様に，その者の登記所届出印を印鑑届書に押印しなければならない（商登規第9条第1項括弧書き）。登記所に印鑑を提出していない場合には，印鑑届書に押印した印鑑につき市町村長の作成した証明書で作成後3月以内のものを添付しなければならないとされた（商登規第9条第5項第2号ロ，第4号ロ，第6号ロ）。

　イ　支配人又は代表者若しくは管財人等の職務を行うべき者の印鑑に相違ないことを保証した書面（保証書）

　　　法人の代表者が登記所に印鑑を提出している場合には，従前と同様に，その者の登記所届出印を保証書に押印しなければならない（商登規第9条第5項第3号イ，第5号イ，第7号イ）。登記所に印鑑を提出していない場合には，保証書に押印した印鑑につき市町村長の作成した証明書で作成後3月以内のものを添付しなければならないとされた（商登規第9条第5項第3号ロ，第5号ロ，第7号ロ）。

　ウ　管財人等の職務を行うべき者として指名された者であって印鑑の提出をしたものがその資格を喪失した旨の届出書

　　　管財人等である法人の代表者（当該代表者が法人である場合にあっては，当該代表者の職務を行うべき者）が登記所に印鑑を提出している場合には，従前と同様に，その者の登記所届出印を届出書に押印しなければならない（商登規第9条第10項前段）。登記所に印鑑を提出していない場合には，当該書面に押印した印鑑につき市町村長の作成した証明書で作成後3月以内のものを添付しなければならないとされた（商登規第9条第10項後段）。

(3) 登記所届出印の押印又は押印した印鑑につき市町村長の作成した証明書の添付が必要な書面

　ア　商登法第30条第2項及び第31条第2項に規定する譲渡人の承諾書

　　　譲渡人の承諾書に押印した印鑑と当該譲渡人に係る登記所届出印とが同一であるときを除き，承諾書に押印した印鑑につき市町村長の作成した証明書を添付しなければならないとされた（商登規第52条の2）。

付録① 令和元年会社法改正通達（令和3年1月29日法務省民商10号）

イ　代表取締役等に係る辞任を証する書面

代表取締役若しくは代表執行役又は取締役若しくは執行役（以下「代表取締役等」という。）であって，印鑑を提出している者の辞任による変更の登記の申請書には，当該代表取締役等が辞任したことを証する書面に押印した印鑑と当該代表取締役等に係る登記所届出印とが同一であるときを除き，当該印鑑につき市町村長作成の証明書を添付しなければならないとされていた。

登記所に印鑑を提出した者がある場合にあっては，改正省令の施行後においても，その取扱いに変更はないが，全ての代表者が登記所に印鑑を提出していない会社の代表者が辞任する場合には，当該会社の代表者が辞任したことを証する書面に押印した印鑑につき市町村長の作成した証明書を添付しなければならないこととされた（商登規第61条第8項）。

(4)　登記所届出印の照合に係る取扱い

上記(1)から(3)までの書面に押印された登記所届出印の照合については，登記情報システムから出力する帳票により行うこととなる。

3　その他

登記所に印鑑を提出した者がいない場合があることから，「印鑑提出者」を「被証明者」（商登法第12条の2），「印鑑届出事項」を「被証明事項」（商登規第9条第1項）に改める用語の整理がされた。

第2　使用することができる電子証明書の見直し

1　書面による申請の場合

申請書に添付すべき電磁的記録には，当該電磁的記録に記録された情報の作成者が電子署名をし，電子証明書を記録しなければならない（商登規第36条第3項及び第4項）。当該作成者が印鑑を提出した者であるときは，当該電磁的記録に記録すべき電子証明書は，商登規第33条の3各号に掲げる事項がある場合を除き，商登規第36条第4項第1号イに掲げる電子証明書（商業登記電子証明書）に限るものとされていた（旧商登規第36条第5項）。

改正省令では，商登規第36条第5項が削除され，同条第4項第1号ロ若しくはハ又は第2号ロ若しくはハに掲げる電子証明書も使用することが

できることとされた。

　また，申請書に添付すべき電磁的記録について，改正省令では，同条第2項から第4項までの方式の指定は告示してしなければならないとされた（商登規第36条第5項）。告示による指定の対象が方式に限定されることから，当該電磁的記録に使用することができる法務大臣の指定する電子証明書については告示の対象ではなくなったため，当該電子証明書は，オンラインによる申請において使用することができる法務大臣の定める電子証明書と同様に，法務省のホームページで示されることとなる。

2　オンラインによる申請の場合

　オンラインによる申請において使用することができる電子証明書については，商登規第102条に定められているところ，申請書情報及び添付書面情報の電子署名に係る電子証明書について，これまで電子署名を講じた者が印鑑の提出をした者であるときは，送信すべき電子証明書は，商登規第33条の3各号に掲げる事項がある場合を除き，商登規第102条第3項第1号に掲げる電子証明書（商業登記電子証明書）に限るものとされていた（旧商登規第102条第6項）。

　改正省令では，旧商登規第102条第6項が削除され，申請書情報については，商登規第102条第3項第2号又は第3号の電子証明書も使用することができることとされ，添付書面情報については，同条第4項各号又は第5項各号の電子証明書も使用することができることとされた。申請書情報の電子署名に係る電子証明書が同条第3項に規定するものでない場合は，その申請は却下される（商登法第24条第6号）。添付書面情報の電子署名に係る電子証明書が商登規第102条第4項又は第5項に規定するものでない場合も同様である（商登法第24条第7号）。

　また，オンラインによる印鑑の証明書の交付の請求についても，旧商登規第102条第6項が準用されていたところ（旧商登規第107条第3項），改正省令により当該部分が削除されたことから，上記の申請書情報と同様の取扱いとなる。

第3　電子情報処理組織による印鑑の提出等及び電子証明書による証明の請求

1　電子情報処理組織による印鑑の提出等

（1）概要

印鑑の提出又は廃止の届出については，オンラインによる登記の申請と同時にする場合に限り，情報通信技術を活用した行政の推進等に関する法律（平成１４年法律第１５１号。以下「情報通信技術活用法」という。）第６条第１項の規定により，同項に規定する電子情報処理組織を使用する方法によってすることができることとされた（商登規第１０１条第１項第２号）。印鑑の提出又は廃止の届出に係る会社等の申請である限り，当該申請の種類は問わない。

　　なお，これらの事務の登記所における取扱いについては，本通達のほか，「商業登記における印鑑関係事務取扱要領」（本日付け法務省民商第１１号当職通達），「商業登記オンライン申請等事務取扱規程」（平成２４年３月３０日付け法務省民商第８８６号当職通達。本日付け法務省民商第１２号当職通達により一部改正）及び「商業登記法等の一部を改正する法律等の施行に伴う電子認証事務の取扱いについて」（平成１２年９月２９日付け法務省民四第２２７４号当職通達。本日付け法務省民商第１３号当職通達により一部改正）による。

(2) 印鑑の提出等の方法

　ア　電子情報処理組織を使用する方法により印鑑の提出又は廃止の届出をするには，印鑑の提出若しくは廃止の届出をする者又はその代理人（以下「印鑑提出者等」という。）は，法務大臣の定めるところに従い，商登規第９条第１項の書面（印鑑届書）に記載し若しくは明らかにすべき事項又は同条第７項の書面（印鑑廃止届書）に記載すべき事項に係る情報に印鑑の提出又は廃止の届出をする者が商登規第３３条の４に定める措置（電子署名）を講じたものを送信しなければならないとされた（商登規第１０６条第１項）。

　イ　印鑑提出者等は，印鑑届書又は印鑑廃止届書に添付すべき書面があるときは，法務大臣の定めるところに従い，当該書面に代わるべき情報にその作成者が電子署名を講じたものを送信しなければならないとされた（商登規第１０６条第２項）。

　　なお，当該書面としては，保証書（商登規第９条第５項第３号イ等）等があり，委任状については，印鑑届書又は印鑑廃止届書の様式に含まれることから，通常それに係る情報を添付書面情報として送信されることは想定されない。

ウ　上記アと併せて送信する電子証明書は商登規第１０２条第３項の電子証明書，上記イと併せて送信する電子証明書は同条第５項の電子証明書とされた（商登規第１０６条第３項）。

（3）適正な印鑑登録を担保するための方策

　　電子情報処理組織を使用する方法による印鑑の提出については，法務大臣の定めるところに従い，印鑑届書を一定の解像度・原寸大によりＰＤＦデータ化して提出することとなり，印鑑提出者等には，法務省のホームページに掲示して示されることとなる。登記官の審査に関する掲示内容は，次のとおりである。

　ア　印鑑届書は，書面によって提出する場合の様式と異なり，目盛りが付されている専用の様式（別紙様式）を使用して作成する必要があるところ，登記官は，これを印刷し，目盛りを計測することによって，提出された印鑑が原寸であることを確認する。

　イ　印鑑届書は，解像度を６００ｄｐｉ程度を目安としてＰＤＦデータ化する必要があるところ，登記官は，提出された印鑑が照合に適するものであることを確認する。

　ウ　提出された印鑑について，ア及びイによる確認の結果，登記官がその原本を確認する必要があると判断した場合には，原本の提出を求めることとなる（後記(4)参照）。

（4）原本の提出を求める場合の取扱い

　　情報通信技術活用法第６条第６項に規定する主務省令で定める場合は，申請等に係る書面等のうちにその原本を確認する必要があると登記官が認める場合とするとされた（商登規第１０１条第４項）。この規定により，電子情報処理組織を使用する方法によりされた印鑑の提出又は廃止の届出について，その原本を確認する必要があると登記官が判断した場合には，情報通信技術活用法第６条第１項が適用されないこととなるため，印鑑の提出又は廃止の届出は，書面をもってすることとなり，電子情報処理組織を使用する方法によりした印鑑の提出又は廃止の届出は，受理されないことになる（商登規第９条第１項及び第７項）。

　　この場合において，印鑑の提出又は廃止の届出と同時にされた登記の申請が印鑑の提出等を前提とするものでない場合には，書面による印鑑の提出又は廃止の届出がされるのを待つことなく処理して差し支えな

い。

2　電子情報処理組織による電子証明書による証明の請求

（1）概要

　　電子証明書による証明の請求については，情報通信技術活用法第６条第１項の規定により，同項に規定する電子情報処理組織を使用する方法によってすることができることとされた（商登規第１０１条第１項第３号）。

（2）電子証明書による証明の請求の方法

　ア　電子情報処理組織を使用する方法により電子証明書による証明の請求をするには，申請人等は，法務大臣の定めるところに従い，商登規第３３条の６第１項の申請書に記載すべき事項に係る情報に商登規第３３条の４に定める措置（電子署名）を講じたものを送信しなければならないとされた（商登規第１０６条の２第１項）。

　イ　申請人等は，法務大臣の定めるところに従い，商登規第３３条の６第１項の規定により提出すべき電磁的記録及び同条第７項の規定により書面を申請書に添付すべき場合における当該書面に代わるべき情報を送信しなければならないとされた（商登規第１０６条の２第２項）。

　ウ　申請人等は，上記イの書面のほか，商登規第３３条の６第１項の申請書に添付すべき書面があるときは，法務大臣の定めるところに従い，当該書面に代わるべき情報にその作成者が電子署名を講じたものを送信しなければならないとされた（商登規第１０６条の２第３項）。当該書面としては，委任状が想定される。

　エ　上記アと併せて送信する電子証明書は商登規第１０２条第３項又は第４項の電子証明書，上記ウと併せて送信する電子証明書は商登規第１０２条第５項の電子証明書とされた（商登規第１０６条の２第４項）。

　オ　電子情報処理組織を使用する方法により電子証明書による証明の請求をするときは，申請書に受付の年月日を記載する処理は不要とされた（商登規第１０６条の２第５項）。

　カ　電子情報処理組織を使用する方法により電子証明書による証明の請求をする場合において，手数料を納付するときは，登記官から得た納付情報により納付する方法によってしなければならないとされた（商

登規第106条の2第6項)。

第4　押印規定の見直し

1　趣旨及び経緯

　　法令等又は慣行により，国民や事業者等に対して押印を求めている行政手続については，「経済財政運営と改革の基本方針2020」(令和2年7月17日閣議決定)及び「規制改革実施計画」(令和2年7月17日閣議決定)に基づき，各府省は，原則として全ての見直し対象手続について，令和2年中に，順次必要な検討を行い，法令，告示，通達等の改正を行う(令和2年中の対応が困難なものについては，見直しの方針を明らかにした上で必要な取組を行う。)こととされた。

　　商業・法人登記手続に関しては，法令に登記所届出印の押印又は押印した印鑑につき市町村長の作成した証明書の添付を求める規定が置かれているもの(申請書並びに商登規第61条第4項，第6項及び第8項の書面)については，厳格な本人確認や書面の真正を担保するため，押印を存続することとされた。

　　他方，改正省令及び改正通達では，後記2のとおり押印規定の見直しがされた。

2　押印規定の見直しの対象

(1) 登記簿の附属書類の閲覧の申請書

　　登記簿の附属書類の閲覧の申請書には，申請人又はその代表者若しくは代理人が署名し，又は押印しなければならないとされていたところ，当該規定は削除された(商登規第21条第2項)。

(2) 事業を廃止していない旨の届出

　　事業を廃止していない旨の届出(会社法(平成17年法律第86号)第472条第1項，一般社団法人及び一般財団法人に関する法律(平成18年法律第48号)第149条第1項及び第203条第1項)には，株式会社の代表者又は代理人が記名押印しなければならないとされていたところ，当該規定は削除された(会社法施行規則(平成18年法務省令第12号)第139条第2項及び第4項，一般社団法人及び一般財団法人に関する法律施行規則(平成19年法務省令第28号)第57条第2項及び第4項並びに第65条第2項及び第4項)。

(3) 再使用証明申出書

　　再使用証明申出書には申請人が押印しなければならないとされていたところ，様式から押印欄が削除された（商登準則別記第５０号様式）。

3　その他の押印の取扱い

　　上記1の見直しの方針を踏まえ，その他の押印については次のとおり取り扱うものとする。

(1) 定款，取締役会議事録等

　　定款，取締役会議事録等の法令の規定により押印又は印鑑証明書の添付を要する書面については，引き続き，押印を要する。

　　なお，ある取締役の一致があったことを証する書面については，取締役会議事録に準ずるものとして，引き続き，署名又は記名押印を要するものとする。

(2) 不正登記防止申出書及び取下書

　　不正登記防止申出書及び取下書については，申請書に準ずるものとして，引き続き，押印を要するものとする。

(3) 登記された事項につき無効の原因があることを証する書面

　　登記された事項につき無効の原因があることを証する書面（以下「無効原因証書」という。）については，作成者全員の印鑑につき，登記の抹消の申請書に記載された抹消すべき登記事項に係る登記の申請書に添付された書面に押印された印鑑と同一の印鑑若しくは登記所届出印を押印し，又は無効原因証書に押印された印鑑につき市町村長の作成した証明書の添付を要するとする取扱いに変更はない。

(4) その他の書面

　　主要な株主の氏名又は名称，住所及び議決権数等を証する書面，資本金の額の計上に関する証明書等，法令上，押印又は印鑑証明書の添付を要する旨の規定がない書面については，押印の有無について審査を要しないものとする。

　　また，商登規第４９条第２項又は第６１条第７項の謄本については，押印の有無について審査を要しないものとする。

(5) 訂正印

　　申請書その他の登記に関する書面につき文字の訂正，加入又は削除をしたときにする訂正印（商登規第４８条第３項）等，法令上の根拠があ

るものを除き，その有無について審査を要しないものとする。

（6）契印

申請書への契印（商登規第３５条第３項）等，法令上の根拠があるものを除き，契印の有無について審査を要しないものとする。

第５　定款認証及び設立登記の同時申請

1　対象

株式会社の設立登記の申請のうち，登記・供託オンライン申請システム又は法人設立ワンストップサービスにより定款認証の嘱託及び設立登記の申請がオンラインで同時にされているものを対象とし，公証役場から認証された定款が送信されたことをもって，登記を完了するものとする。定款以外の添付書面を登記所に提出又は送付する場合も対象となるが，オンラインによる法人設立登記の２４時間以内処理（以下「２４時間以内処理」という。）の対象とはならない（後記２(1)参照）。

なお，申請された日の当日中に定款が認証されなかった場合は，定款が認証された日が会社成立の日より遅れることになるため，設立登記の申請は却下される（商登法第２４条第７号）。

2　２４時間以内処理

（1）対象

上記1のうち，設立時役員等（設立時取締役，設立時会計参与，設立時監査役及び設立時会計監査人をいう。）が５人以内である会社について，添付書面情報が全て電磁的記録により作成され，収入印紙ではなく電子納付が利用されているものを対象とする。

（2）登記の完了時期

ア　原則

補正が必要な場合を除き，登記完了の直前までの工程の処理を進めた上で，認証された定款が送信されたことを確認し次第，申請を受け付けた時点から起算して，原則として２４時間以内に登記を完了するものとする。

なお，登記申請件数の多い時期（４月，６月及び７月）であるなど，２４時間以内処理が困難な事情がある場合においても，できる限り速やかに登記を完了するよう努めるものとする。

付録①　令和元年会社法改正通達（令和３年１月２９日法務省民商10号）

イ　電子納付がされていない場合

申請を受け付けた時点において登録免許税の電子納付がされていない場合は，登記完了の直前までの工程の処理を進めた上で，電子納付がされたことを確認し次第，登記を完了するものとする。

第6　法人登記事務の取扱い

第1から第4までの取扱いについては，会社以外の法人並びに投資事業有限責任組合（投資事業有限責任組合契約に関する法律（平成10年法律第90号）），有限責任事業組合（有限責任事業組合契約に関する法律（平成17年法律第40号））及び限定責任信託（信託法（平成18年法律第108号））に係る登記事務においても同様とする。

印鑑（改印）届書

［オンライン専用様式］

※ 太枠の中に書いてください。

（地方）法務局　　　　支局・出張所　　　年　月　日 届出

（注1）	商号・名称	
	本店・主たる事務所	
印鑑提出者 資格	代表取締役・取締役・代表理事 理事・（　　　　　）
	氏　名	
この印鑑は，物体による印章を用いて押印したことを申告します。	生年月日	大・昭・平・西暦　　年　　月　　日生
□ 印鑑カードは引き継がない。	会社法人番号	

（注2）□ 印鑑カードを引き継ぐ。
印鑑カード番号
前任者

届出人（注3）　□ 印鑑提出者本人　　□ 代理人

住　所	
フリガナ	
氏　名	

委任状

私は，(住所)

　　(氏名)

を代理人と定め，□印鑑(改印) の届出，□添付書面の原本還付請求及び受領の権限を委任します。

　　　　　年　　月　　日

　　住　所

　　氏　名

印鑑提出者本人が電子署名を行い，電子証明書を併せて送信する必要があります（代理人が届け出るときも，印鑑提出者本人が電子署名を行ってください。）。

※　使用することができる電子証明書については，法務省ホームページを御確認ください。

(注1)　印鑑は，物体による印章を用いて押印しなければなりません。印鑑の大きさは，辺の長さが1cmを超え，3cm以内の正方形の中に収まるものでなければなりません。

(注2)　印鑑カードを前任者から引き継ぐことができます。該当する□にレ印をつけ，カードを引き継いだ場合には，その印鑑カードの番号・前任者の氏名を記載してください。

(注3)　本人が届け出るときは，本人の住所・氏名を記載してください。代理人が届け出るときは，代理人の住所・氏名を記載し，委任状に所要事項を記載してください（該当する□にはレ点をつける）。
　　　なお，本人の住所・氏名が登記簿上の代表者の住所・氏名と一致しない場合には，代表者の住所又は氏名の変更の登記をする必要があります。

印鑑処理年月日					
印鑑処理番号	受　付	調　査	入　力	校　合	

（乙号・8）

付録② 令和元年会社法改正通達（令和3年1月29日法務省民商14号）

法務省民商第１４号
令和３年１月２９日

法　務　局　長　殿
地　方　法　務　局　長　殿

法　務　省　民　事　局　長
（　公　印　省　略　）

　　　　会社法の一部を改正する法律等の施行に伴う商業・法人登記事務の取扱
　　　いについて（通達）
　会社法の一部を改正する法律（令和元年法律第７０号。以下「改正法」とい
う。）及び会社法の一部を改正する法律の施行に伴う関係法律の整備等に関す
る法律（令和元年法律第７１号。以下「整備法」という。）並びに会社法施行
規則等の一部を改正する省令（令和２年法務省令第５２号）及び商業登記規則
等の一部を改正する省令（令和３年法務省令第２号。以下「改正省令」という。）
の一部が本年３月１日から施行されますので，これに伴う商業・法人登記事務
の取扱いについては，下記の点に留意するよう，貴管下登記官に周知方お取り
計らい願います。

　なお，本通知中，「法」とあるのは改正法による改正後の会社法（平成１７
年法律第８６号）を，「商登法」とあるのは整備法による改正後の商業登記法（昭
和３８年法律第１２５号）を，「会社規」とあるのは会社法施行規則等の一部
を改正する省令による改正後の会社法施行規則（平成１８年法務省令第１２号）
を，「計算規」とあるのは同省令による改正後の会社計算規則（平成１８年法
務省令第１３号）を，「商登規」とあるのは改正省令による改正後の商業登記
規則（昭和３９年法務省令第２３号）を，「保険業法」とあるのは整備法によ
る改正後の保険業法（平成７年法律第１０５号）をいい，特に改正前の条文を

146

引用するときは，「旧」の文字を冠するものとします。

記

第1　取締役の報酬等である株式及び新株予約権に関する特則
　1　上場会社の取締役の報酬等である株式に関する特則
　　(1) 概要
　　　　金融商品取引法（昭和23年法律第25号）第2条第16項に規定する金融商品取引所に上場されている株式を発行している株式会社（以下「上場会社」という。）が取締役又は執行役（以下第1において「取締役等」という。）の報酬等として当該株式会社の株式の発行又は自己株式の処分をするときは，募集株式と引換えにする金銭の払込み又は現物出資財産の給付を要しないこととされた（法第202条の2第1項前段，第3項）。
　　(2) 取締役等の報酬等である募集株式の発行の手続
　　　ア　定款の定め，株主総会の決議又は報酬委員会の決定
　　　　　株式会社の募集株式を取締役等の報酬等として発行しようとする場合には，定款の定め，株主総会の決議又は指名委員会等設置会社にあっては報酬委員会の決定により，次の事項を定めなければならないとされた（法第361条第1項第3号，第409条第3項第3号，会社規第98条の2，第111条）。
　　　　(ｱ)　募集株式の数（種類株式発行会社にあっては，募集株式の種類及び種類ごとの数）の上限（報酬委員会の決定による場合にあっては，当該募集株式の数）
　　　　(ｲ)　一定の事由が生ずるまで募集株式を他人に譲り渡さないことを取締役等に約させるときは，その旨及び当該一定の事由の概要（報酬委員会の決定による場合にあっては，一定の事由）
　　　　(ｳ)　一定の事由が生じたことを条件として募集株式を株式会社に無償で譲り渡すことを取締役等に約させるときは，その旨及び当該一定の事由の概要（報酬委員会の決定による場合にあっては，一定の事由）
　　　　(ｴ)　(ｲ)，(ｳ) のほか，取締役等に対して募集株式を割り当てる条件を定めるときは，その条件の概要（報酬委員会の決定による場合にあっては，その条件）

付録②　令和元年会社法改正通達（令和3年1月29日法務省民商14号）

イ　募集事項

　　アの定めに従い，上場会社が募集株式を発行するときは，法第
１９９条第１項第２号及び第４号に掲げる事項（募集株式の払込金額
又はその算定方法及び募集株式と引換えにする金銭の払込み等の期日
又は期間）を定めることを要しないとされた（法第２０２条の２第１
項前段，第３項）。この場合には，法第１９９条第１項第１号，第３
号及び第５号に掲げる事項に加えて，次の事項を定めなければならな
いとされた（法第２０２条の２第１項後段）。

(ア) 取締役等の報酬等として募集株式の発行又は自己株式の処分をす
　　るものであり，募集株式と引換えにする金銭の払込み又は現物出資
　　財産の給付を要しない旨

(イ) 募集株式を割り当てる日（以下「割当日」という。）

ウ　募集事項の決定

　　募集事項の決定は，取締役会の決議による（法第２０１条第１項，
第２０２条の２第２項，第１９９条第２項）。

　　なお，募集株式の払込金額又はその算定方法を定めることを要しな
いため，払込金額が特に有利な金額である場合における株主総会の特
別決議（法第２０１条第１項，第１９９条第２項，第３項，第３０９
条第２項第５号）を要しない。

エ　募集株式の申込み及び割当て

　　イの定めがある場合において，アの定めに係る取締役等（取締役等
であった者を含む。）以外の者は，募集株式の申込みをし，又は総数
引受契約を締結することができないとされた（法第２０５条第３項，
第５項）。

　　募集株式が譲渡制限株式である場合には，募集株式の割当ての決定
又は総数の引受けを行う契約の承認は，定款に別段の定めがある場合
を除き，取締役会の決議による（法第２０４条第２項，第２０５条第
２項）。

オ　株主となる時期

　　募集株式の引受人は，割当日に株主になるとされた（法第２０９条
第４項）。

カ　資本金の額の増加

募集株式の発行による資本金の額の増加については，取締役等が募集株式を対価とする役務を提供する時期に応じて，次のとおりとされた（法第445条第6項）。

(ア) 事前交付型（株式割当後に役務を提供する場合）

　　取締役等が株式会社に対し割当日後にその職務の執行として募集株式を対価とする役務を提供するときは，各事業年度の末日（臨時計算書類を作成しようとし，又は作成した場合にあっては臨時決算日。以下「株主資本変動日」という。）において増加する資本金の額は，aの額からbの額を減じて得た額に株式発行割合（当該募集に際して発行する株式の数を当該募集に際して発行する株式の数及び処分する自己株式の数の合計数で除して得た割合をいう。以下同じ。）を乗じて得た額（零未満である場合にあっては，零。以下「資本金等増加限度額」という。）とされたところ，その2分の1を超えない額は，資本金として計上せず，資本準備金とすることができるとされた（計算規第42条の2第1項から第3項まで）。

　a　（a）の額から（b）の額を減じて得た額

　　（a）取締役等が当該株主資本変動日までにその職務の執行として株式会社に提供した募集株式を対価とする役務の公正な評価額

　　（b）取締役等が当該株主資本変動日の直前の株主資本変動日までにその職務の執行として株式会社に提供した募集株式を対価とする役務の公正な評価額

　b　募集株式の交付に係る費用の額のうち，株式会社が資本金等増加限度額から減ずるべき額と定めた額

(イ) 事後交付型（株式割当前に役務を提供する場合）

　　取締役等が株式会社に対し割当日前にその職務の執行として募集株式を対価とする役務を提供するときは，割当日において増加する資本金の額は，aの額からbの額を減じて得た額に株式発行割合を乗じて得た額（零未満である場合にあっては，零。以下「資本金等増加限度額」という。）とされたところ，その2分の1を超えない額は，資本金として計上せず，資本準備金とすることができるとされた（計算規第42条の3第1項から第3項まで）。

　a　割当日における取締役等がその職務の執行として提供した役務

の公正な評価額の帳簿価額（減少すべき株式引受権の額。計算規第５４条の２第２項）

b　募集株式の交付に係る費用の額のうち，株式会社が資本金等増加限度額から減ずるべき額と定めた額

(3) 取締役等の報酬等である募集株式の発行による変更の登記の手続

ア　登記の期間

募集株式の発行により発行済み株式の総数並びにその種類及び種類ごとの数並びに事後交付型における資本金の額（増加する場合に限る。）に変更があったときは，割当日から２週間以内に，本店の所在地において変更の登記をしなければならない（法第９１５条第１項）。

なお，事前交付型の場合であって，資本金の額が増加する場合における資本金の額の増加については，株主資本変動日から２週間以内に，本店の所在地において変更の登記をしなければならない。

イ　登記すべき事項

登記すべき事項は，発行済み株式の総数並びにその種類及び種類ごとの数，資本金の額（資本金の額が増加する場合に限る。）並びに変更年月日である。

なお，法第１９９条第１項第２号及び第４号に掲げる事項を定めることを要しない募集株式の発行は，上場会社でなければすることができないところ，上場会社であることについては，登記記録等から非公開会社でないことを確認することをもって足りる。

ウ　添付書面

登記の申請書には，次の書面を添付しなければならない。

(ｱ) (2) アの定めに係る定款又は定款に当該定めがない場合には株主総会の議事録及び主要な株主の氏名又は名称，住所及び議決権数等を証する書面（以下「株主リスト」という。）若しくは報酬委員会の決定を証する書面（商登法第４６条，商登規第６１条第１項，第３項）

(ｲ) 募集事項の決定に係る取締役会の議事録（商登法第４６条第２項）

(ｳ) 募集株式の引受けの申込み又は総数の引受けを行う契約を証する書面（商登法第５６条第１号）

(ｴ) 募集株式が譲渡制限株式であるときは，割当ての決定又は総数の

引受けを行う契約の承認に係る取締役会の議事録（商登法第46条
第2項）

(オ) 資本金の額が増加する場合には，資本金の額が法及び計算規の規
定に従って計上されたことを証する書面（商登規第61条第9項）

エ　登録免許税

上記(2)による変更の登記の登録免許税は，資本金の額の増加を伴
わない場合には，申請1件につき3万円である（登録免許税法別表第
一第24号(1)ツ)。

資本金の額の増加を伴う場合には，その増加した資本金の額の
1000分の7（これによって計算した税額が3万円に満たないときは，
申請件数1件につき3万円）であり（登録免許税法別表第一第24号
(1)ニ)，発行済株式の総数の変更の登記については，資本金の額の変
更の登記と同時に申請される限り，別途登録免許税を納付する必要は
ない。

2　上場会社の取締役等の報酬等である新株予約権に関する特則

(1) 概要

上場会社が取締役等の報酬等として又は取締役等の報酬等をもってす
る払込みと引換えに当該株式会社の新株予約権の発行をするときは，当
該新株予約権の行使に際して金銭の払込み又は現物出資財産の給付を要
しないこととされた（法第236条第3項，第4項）。

(2) 取締役等の報酬等である募集新株予約権の発行の手続

ア　定款の定め，株主総会の決議又は報酬委員会の決定

当該株式会社の募集新株予約権を取締役等の報酬等として又は取締
役等の報酬等をもってする払込みと引換えに発行しようとする場合に
は，定款，株主総会の決議又は指名委員会等設置会社にあっては報酬
委員会の決定により，次の（ア）又は（イ）に掲げる事項を定めなけれ
ばならないとされた。

(ア) 取締役等の報酬等としてアの行使に際して金銭の払込み等を要し
ない新株予約権を発行する場合（法第361条第1項第4号，第
409条第3項第4号，会社規第98条の3，第111条の2）

a　募集新株予約権の数の上限（報酬委員会の決定による場合にあ
っては，募集新株予約権の数）

付録②　令和元年会社法改正通達（令和3年1月29日法務省民商14号）

b　新株予約権の目的である株式の数（種類株式発行会社にあって
は，株式の種類及び種類ごとの数）又はその数の算定方法

c　金銭以外の財産を新株予約権の行使に際してする出資の目的と
するときは，その旨並びに当該財産の内容及び価額

d　新株予約権を行使することができる期間

e　取締役等の報酬等として又は取締役等の報酬等をもってする払
込みと引換えに新株予約権を発行するものであり，新株予約権の
行使に際してする金銭の払込み又は現物出資財産の給付を要しな
い旨

f　アの定めに係る取締役等（取締役等であった者を含む。）以外
の者は，当該新株予約権を行使することができない旨

g　一定の資格を有する者が募集新株予約権を行使することができ
ることとするときは，その旨及び当該一定の資格の内容の概要（報
酬委員会の決定による場合にあっては，その内容）

h　募集新株予約権の行使の条件を定めるときは，その条件の概要
（報酬委員会の決定による場合にあっては，その条件）

i　譲渡による新株予約権の取得について会社の承認を要すること
とするときは，その旨

j　会社が一定の事由が生じたことを条件として新株予約権を取得
することができることとするときは，法第２３６条第１項第７号
に掲げる事項の内容の概要（報酬委員会の決定による場合にあっ
ては，その内容）

k　取締役等に対して募集新株予約権を割り当てる条件を定めると
きは，その条件の概要（報酬委員会の決定による場合にあっては，
その条件）

(イ)取締役等の報酬等をもってする払込みと引換えに新株予約権を発
行する場合（法第３６１条第１項第５号ロ，第４０９条第３項第５
号ロ，会社規第９８条の４第２項，第１１１条の３第２項）

a　(ア)aからjまでの事項

b　取締役等に対して募集新株予約権と引換えにする払込みに充て
るための金銭を交付する条件又は取締役等に対して募集新株予約
権を割り当てる条件を定めるときは，その条件の概要（報酬委員

会の決定による場合にあっては，その条件）

イ　新株予約権の内容

　アの定めに従い，上場会社が募集新株予約権を発行するときは，法第236条第1項第2号に掲げる事項（当該新株予約権の行使に際して出資される財産の価額又はその算定方法）を新株予約権の内容とすることを要しないとされた（法第236条第3項前段）。この場合には法第236条第1項各号（第2号を除く。）に掲げる事項に加えて，次の事項を新株予約権の内容としなければならないとされた（同条第3項後段）。

（ア）取締役等の報酬等として又は取締役等の報酬等をもってする払込みと引換えに新株予約権を発行するものであり，新株予約権の行使に際してする金銭の払込み，又は現物出資財産の給付を要しない旨

（イ）アの定めに係る取締役等（取締役等であった者を含む。）以外の者は，当該新株予約権を行使することができない旨

　　なお，これらの事項は登記しなければならないこととされた（法第911条第3項第12号ハ）。

ウ　募集事項

　募集新株予約権の募集事項については，通常の新株予約権の募集事項（法第238条第1項）と同様である。ただし，募集新株予約権の内容（同項第1号）については，上記の内容が反映される。

エ　募集事項の決定

　募集事項の決定は，取締役会の決議による（法第240条第1項，第238条第2項）。

オ　募集新株予約権の割当て

　募集新株予約権の目的である株式の全部又は一部が譲渡制限株式であるとき又は募集新株予約権が譲渡制限新株予約権であるときは，募集新株予約権の割当ての決定又は総数の引受けを行う契約の承認は，定款に別段の定めがある場合を除き，取締役会の決議による（法第243条第2項，第244条第3項）。

カ　新株予約権者となる時期

　募集新株予約権の割当てを受けた申込者又はその総数を引き受けた者は，募集新株予約権の割当日（法第238条第1項第4号）に，新

株予約権者となる（法第２４５条第１項）。

(3) 取締役等の報酬等である募集新株予約権の発行による変更の登記の手続

ア　登記の期間

募集新株予約権の発行により登記事項に変更があったときは，割当日から２週間以内に，本店の所在地において変更の登記をしなければならない（法第９１５条第１項）。

イ　登記すべき事項

登記すべき事項は，通常の新株予約権の登記事項（法第２３６条第１項第２号の事項を除く。）のほか，(2)イの定め（法第９１１条第３項第１２号）及び新株予約権の発行年月日である。

登記の記録については，別紙記録例１によるものとする。

なお，法第２３６条第１項第２号に掲げる事項を新株予約権の内容とすることを要しない募集新株予約権の発行は，上場会社でなければすることができないところ，上場会社であることについては，登記記録等から非公開会社でないことを確認することをもって足りる。

ウ　添付書面

登記の申請書には，次の書面を添付しなければならない。

(ア) (2)アの定めに係る定款又は定款に当該定めがない場合には株主総会の議事録及び株主リスト若しくは報酬委員会の決定を証する書面（商登法第４６条，商登規第６１条第１項，第３項）

(イ) 募集事項の決定に係る取締役会の議事録（商登法第４６条第２項）

(ウ) 募集新株予約権の引受けの申込み又は総数の引受けを行う契約を証する書面（商登法第６５条第１号）

(エ) 取締役等の報酬等をもってする払込みと引換えに新株予約権を発行する場合において，払込期日を定めたとき（割当日より前の日であるときに限る。）は，払込み（金銭以外の財産の給付又は会社に対する債権をもってする相殺を含む。）があったことを証する書面（商登法第６５条第２号）

(オ) 譲渡制限株式を目的とする新株予約権又は譲渡制限新株予約権であるときは，割当ての決定又は総数の引受けを行う契約の承認に係る取締役会の議事録（商登法第４６条第２項）

第2　株式交付制度

1　概要

　株式会社は，株式交付をすることができるとされた（法第７７４条の２）。

　株式交付とは，株式会社が他の株式会社をその子会社（他の株式会社の議決権の総数に対する自己の計算において所有している議決権の数の割合が１００分の５０を超えている場合における当該他の株式会社に限る（会社規第４条の２，第３条第３項第１号）。）とするために当該他の株式会社の株式を譲り受け，当該株式の譲渡人に対して当該株式の対価として当該株式会社の株式を交付することをいう（法第２条第３２号の２）。株式交付をする株式会社を株式交付親会社といい，株式交付親会社が株式交付に際して譲り受ける株式を発行する株式会社を株式交付子会社という（法第７７４条の３第１項第１号）。

　なお，清算株式会社については，株式交付に関する規定は適用されないこととされた（法第５０９条第１項第３号）。したがって，株式交付により，清算株式会社が株式交付親会社となることはできず，また，清算株式会社を株式交付子会社とすることもできない。

2　株式交付の手続

(1)　株式交付計画の作成

　株式交付をする場合には，株式交付親会社は，株式交付計画を作成しなければならず（法第７７４条の２），当該計画においては，次の事項を定めなければならないとされた（法第７７４条の３）。

ア　株式交付子会社の商号及び住所

イ　株式交付親会社が株式交付に際して譲り受ける株式交付子会社の株式の数（株式交付子会社が種類株式発行会社である場合にあっては，株式の種類及び種類ごとの数）の下限（なお，この定めは，株式交付子会社が効力発生日において株式交付親会社の子会社となる数を内容とするものでなければならないとされている（法第７７４条の３第２項）。）

ウ　株式交付親会社が株式交付に際して株式交付子会社の株式の譲渡人に対して当該株式の対価として交付する株式交付親会社の株式の数（種類株式発行会社にあっては，株式の種類及び種類ごとの数）又は

その数の算定方法並びに当該株式交付親会社の資本金及び準備金の額に関する事項並びに当該譲渡人に対する株式の割当てに関する事項（当該事項については，株式交付子会社の株式の譲渡人が株式交付親会社に譲り渡す株式の数に応じて株式交付親会社の株式を交付することを内容とするものでなければならないとされている（法第774条の3第4項）。）

なお，株式交付親会社が対価として交付する株式は，新たに発行する株式又は自己株式のいずれでも差し支えない。

エ 株式交付親会社が株式交付に際して株式交付子会社の株式の譲渡人に対して当該株式の対価として金銭等（株式交付親会社の株式を除く。）を交付するときは，その内容及び当該譲渡人に対する金銭等の割当てに関する事項（なお，当該事項については，株式交付子会社の株式の譲渡人が株式交付親会社に譲り渡す株式の数に応じて金銭等を交付することを内容とするものでなければならないとされている（法第774条の3第5項）。）

オ 株式交付親会社が株式交付に際して株式交付子会社の株式と併せて株式交付子会社の新株予約権（新株予約権付社債に付されたものを除く。）又は新株予約権付社債（以下「新株予約権等」と総称する。）を譲り受けるときは，当該新株予約権等の内容及び数又はその算定方法

カ オの場合において，株式交付親会社が株式交付に際して株式交付子会社の新株予約権等の譲渡人に対して新株予約権等の対価として金銭等を交付するときは，その内容及び当該譲渡人に対する金銭等の割当てに関する事項

キ 株式交付子会社の株式及び新株予約権等の譲渡しの申込みの期日

ク 株式交付がその効力を生ずる日（以下「効力発生日」という。）

(2) 株式交付子会社の株式の譲渡し

ア 株式交付親会社による通知

株式交付親会社は，株式交付子会社の株式の譲渡しの申込みをしようとする者に対し，株式交付計画の内容等を通知しなければならないこととされた（法第774条の4第1項。通知を要しない場合として，同条第4項，会社規第179条の3参照）。

イ 株式交付子会社の株式の譲渡しの申込み

株式交付子会社の株式の譲渡しの申込みをする者は，株式交付計画において定められた期日（（1）キ参照）までに，譲り渡そうとする当該株式の数等を記載した書面を株式交付親会社に交付しなければならないこととされた（法第７７４条の４第２項）。なお，当該書面の交付に代えて，株式交付親会社の承諾を得て，当該書面に記載すべき事項を電磁的方法により提供することができる（同条第３項）。

ウ　株式交付親会社が譲り受ける株式交付子会社の株式の割当て

　　株式交付親会社は，上記イの申込みをした者（以下「申込者」という。）の中から株式を譲り受ける者を定め，かつ，その者に割り当てる当該株式交付親会社が譲り受ける株式交付子会社の株式の数（株式交付子会社が種類株式発行会社である場合にあっては，株式の種類ごとの数）を定めなければならないこととされ（法第７７４条の５第１項前段），その上で，株式交付親会社は，効力発生日の前日までに，申込者に対し，当該申込者から当該株式交付親会社が譲り受ける株式交付子会社の株式の数を通知しなければならないこととされた（同条第２項）。

エ　総数譲渡し契約を締結する場合

　　株式交付子会社の株式を譲り渡そうとする者が，株式交付親会社が株式交付に際して譲り受ける株式交付子会社の株式の総数の譲渡しを行う契約を締結する場合には，上記アからウまでの手続に関する規定は適用されないこととされた（法第７７４条の６）。

オ　株式交付子会社の新株予約権等の譲渡し

　　株式交付親会社は，株式交付に際して株式交付子会社の株式と併せて株式交付子会社の新株予約権等を譲り受けることができることとされた（法第７７４条の３第１項第７号）。この新株予約権等の譲渡しについても，上記アからエまでの手続等がとられることとされた（法第７７４条の９）。

(3)　株式交付親会社の手続

ア　株式交付計画の承認

　　株式交付親会社は，効力発生日の前日までに，株主総会の特別決議によって，株式交付計画の承認を受けなければならないとされた（法第８１６条の３第１項，法第３０９条第２項第１２号）。

付録②　令和元年会社法改正通達（令和３年１月29日法務省民商14号）

ただし，株式交付において交付する対価の合計額の株式交付親会社の純資産額に対する割合が5分の1を超えない場合（以下「簡易株式交付」という。）には，株主総会の承認を要しないこととされた（法第816条の4第1項本文）。この場合において，株式交付親会社が株式交付子会社の株式等の譲渡人に交付する金銭等（株式交付親会社の株式等を除く。）の帳簿価額が株式交付親会社が譲り受ける株式交付子会社の株式等の額を超える場合，株式交付親会社が公開会社でない場合又は株式交付親会社の一定の数の株式を有する株主が株式交付に反対する旨を通知した場合には，当該株式交付親会社は，効力発生日の前日までに，株主総会の決議によって，株式交付計画の承認を受けなければならないとされた（同条第1項ただし書，第2項）。

イ　債権者保護手続
　株式交付親会社は，株式交付子会社の株式及び新株予約権の譲渡人に対して交付する金銭等（株式交付親会社の株式を除く。）が株式交付親会社の株式に準ずるものとして法務省令で定めるもののみである場合以外の場合には，次に掲げる事項を官報に公告し，かつ，知れている債権者には，各別に催告しなければならないとされ（ただし，株式交付親会社が当該公告を，官報のほか，定款の定めに従い，時事に関する事項を掲載する日刊新聞紙に掲載する方法又は電子公告によりするときは，各別の催告は，することを要しないこととされた（法第816条の8第3項）。），債権者が下記（エ）の期間内に異議を述べたときは，当該株式交付をしても当該債権者を害するおそれがないときを除き，当該債権者に対し，弁済し，若しくは相当の担保を提供し，又は当該債権者に弁済を受けさせることを目的として信託会社等（信託会社及び信託業務を営む金融機関（金融機関の信託業務の兼営等に関する法律（昭和18年法律第43号）第1条第1項の認可を受けた金融機関をいう。）に相当の財産を信託しなければならないこととされた（法第816条の8第2項，第5項）。
（ア）株式交付をする旨
（イ）株式交付子会社の商号及び住所
（ウ）株式交付親会社及び株式交付子会社の計算書類に関する事項として法務省令で定めるもの

（エ）債権者が一定の期間（１か月を下ることができない。）内に異議を述べることができる旨

（4）株式交付の効果

　株式交付の効力は，株式交付計画に定めた効力発生日に生ずる（法第７７４条の１１第１項から第４項）が，株式交付親会社は，取締役の決定（取締役会設置会社にあっては，取締役会の決議）により，効力発生日を変更することができるとされた（法第８１６条の９第１項，第３４８条第１項，第２項，第３６２条第２項第１号）。この場合には，株式交付親会社は，変更前の効力発生日（変更後の効力発生日が変更前の効力発生日前の日である場合にあっては，当該変更後の効力発生日）の前日までに，変更後の効力発生日（当初の効力発生日から３か月以内の日でなければならない。）を公告しなければならないこととされた（法第８１６条の９第２項，第３項）。

（5）株式交付無効の訴え

　株式会社の株式交付の無効は，株式交付の効力発生日から６か月内に限り訴えをもってのみ主張することができることとされた（法第８２８条第１項第１３号）。

3　株式交付の登記の手続

（1）登記の期間

　株式交付をしたときは，株式交付親会社は，株式交付の効力発生日から２週間以内に，その本店の所在地において変更の登記をしなければならない（法第９１５条第１項）。

（2）登記すべき事項

　株式交付親会社の登記すべき事項は，次の事項につき変更を生じた旨及びその年月日である。株式交付子会社については，その登記事項に変更は生じない。

ア　発行済株式の総数並びにその種類及び種類ごとの数

イ　資本金の額

ウ　株式交付子会社の株式の譲渡人に新株予約権を発行した場合には，新株予約権に関する登記事項

　なお，株式交付子会社の株式の対価として株式交付親会社の自己株式を交付する場合には，登記すべき事項の変更が生じないこととなる。

付録②　令和元年会社法改正通達（令和３年１月29日法務省民商14号）

（3）添付書面

　　株式交付親会社の株式交付による変更の登記の申請書には，次の書面を添付しなければならない。

　ア　株式交付計画書（商登法第９０条の２第１号）　効力発生日の変更があった場合には，取締役の過半数の一致があったことを証する書面又は取締役会の議事録も添付しなければならない（商登法第４６条第１項，第２項）。

　イ　株式の譲渡しの申込み又は株式交付親会社が株式交付に際して譲り受ける株式交付子会社の株式の総数の譲渡しを行う契約を証する書面（商登法第９０条の２第２号）

　ウ　株式交付計画の承認に係る株主総会議事録（商登法第４６条第２項）及び株主リスト（商登規第６１条第３項）又は簡易株式交付の場合にあっては株式交付計画書の承認に係る取締役会議事録若しくは取締役の過半数の一致を証する書面（商登法第４６条第１項，第２項）

　エ　簡易株式交付の場合は，当該場合に該当することを証する書面（簡易株式交付に反対する旨を通知した株主がある場合にあっては，その有する株式の数が一定数に達しないことを証する書面を含む。）（商登法第９０条の２第３号）

　オ　債権者保護手続が必要な場合には，公告及び催告（公告を官報のほか時事に関する事項を掲載する日刊新聞紙又は電子公告によってした場合にあっては，これらの方法による公告）をしたこと並びに異議を述べた債権者があるときは，当該債権者に対し，弁済し，若しくは相当の担保を提供し，若しくは当該債権者に弁済を受けさせることを目的として相当の財産を信託したこと又は当該株式交付をしても当該債権者を害するおそれがないことを証する書面（同条第４号）

　カ　資本金の額が法及び計算規の規定に従って計上されたことを証する書面（同条第５号）

（4）登録免許税

　　株式交付による変更の登記の登録免許税は，増加した資本金の額の1000分の７（これによって計算した税額が３万円に満たないときは，申請件数１件につき３万円）である（登録免許税法別表第一第２４号(1)ニ）。発行済株式の総数の変更の登記については，登録免許税を別途納

付する必要はない。

第3　新株予約権に関する登記事項の見直し
　1　概要
　　株式会社は，その発行する新株予約権を引き受ける者の募集をしようと
する場合において，募集新株予約権と引換えに金銭の払込みを要しないこ
ととするとき以外のときは，募集事項として，募集新株予約権の払込金額
又はその算定方法を定めなければならないところ（法第238条第1項第
3号），登記すべき事項としては，募集新株予約権の払込金額又は登記申
請時までに払込金額が確定しないときは，当該算定方法を登記しなければ
ならないこととされた（法第911条第3項第12号へ）。
　　なお，登記の記録については，別紙記録例2による。
　2　添付書面
　　改正前から変更はない（商登法第46条，第65条，商登規第61条第
1項）。なお，算定方法を登記する場合に，払込金額が確定しないことに
つき上申書等の添付を要しない。
　3　経過措置
　　改正法においては，改正法の施行前に登記の申請がされた新株予約権の
発行に関する登記の登記事項については，改正後の第911条第3項第
12号の規定にかかわらず，なお従前の例によることとされた（改正法附
則第9条）。

第4　取締役等の欠格条項の削除
　1　概要
　　旧法においては，成年被後見人及び被保佐人（以下「成年被後見人等」
という。）は，株式会社の取締役，監査役，執行役，清算人，設立時取締
役及び設立時監査役（以下「取締役等」という。）になることができない
こととされていた（法第39条第4項，旧法第331条第1項第2号，第
335条第1項，第402条第4項，第478条第8項前段）が，改正法
において，旧法下における欠格条項が削除され，成年被後見人等が取締役
等になることができることとされた。
　2　成年被後見人等が取締役等に就任する場合の就任の承諾及び成年被後見

人等が取締役等を辞任する場合の辞任に係る意思表示の在り方

(1) 成年被後見人等が取締役等に就任する場合

　ア　成年被後見人が取締役等に就任する場合

　　　成年被後見人が取締役等に就任するには，その成年後見人が，成年被後見人の同意（後見監督人がある場合には，成年被後見人及び後見監督人の同意）を得た上で，成年被後見人に代わって就任の承諾をしなければならないとされた（法第３９条第５項，第３３１条の２第１項，第３３５条第１項，第４０２条第４項，第４７８条第８項）。

　イ　被保佐人が取締役等に就任する場合

　　(ｱ)　被保佐人が就任を承諾する場合

　　　　被保佐人が取締役等に就任するには，その保佐人の同意を得なければならないとされた（法第３９条第５項，第３３１条の２第２項，第３３５条第１項，第４０２条第４項，第４７８条第８項）。したがって，被保佐人が保佐人の同意を得た上で，自ら就任の承諾をすることとなる。

　　(ｲ)　保佐人が被保佐人に代わって就任を承諾する場合

　　　　家庭裁判所が被保佐人のために，当該被保佐人が取締役等に就任することを承諾することについて保佐人に代理権を付与する審判（民法（明治２９年法律第８９号）第８７６条の４第１項）をした場合には，被保佐人が取締役等に就任するには，その保佐人が，被保佐人の同意を得た上で，被保佐人に代わって就任の承諾をしなければならないとされた（法第３９条第５項，第３３１条の２第３項，第３３５条第１項，第４０２条第４項，第４７８条第８項）。

(2) 成年被後見人等が取締役等を辞任する場合

　ア　成年被後見人が取締役等を辞任する場合

　　　成年被後見人が取締役等を辞任するには，成年被後見人が自ら辞任の意思表示をする方法又は成年後見人が成年被後見人に代わって辞任の意思表示をする方法（民法第８５９条第１項）によることとなる。

　イ　被保佐人が取締役等を辞任する場合

　　　被保佐人が取締役等を辞任するには，被保佐人が自ら辞任の意思表示をすることとなる。

3　登記の手続

(1) 成年被後見人等が取締役等に就任した場合

　成年被後見人等が取締役等に就任した場合の取締役等の変更の登記の申請書には，次の書面を添付しなければならない。

ア　成年被後見人が就任した場合（法第331条の2第1項等）

　(ア) 成年後見人の就任承諾書（商登法第54条第1項）

　(イ) 成年被後見人に係る後見登記等に関する法律（平成11年法律第152号）第10条に規定する登記事項証明書（以下「成年後見登記事項証明書」という。）（商登法第54条第1項）

　　　なお，成年後見登記事項証明書は，成年被後見人に係る就任承諾書に記載した氏名及び住所と同一の氏名及び住所が記載されている市町村長その他の公務員が職務上作成した証明書（以下「本人確認証明書」という。）を兼ねることとなる（商登規第61条第7項）。

　(ウ) 成年被後見人（後見監督人がある場合にあっては，成年被後見人及び後見監督人）の同意書（商登法第54条第1項）

　(エ) 成年後見人が就任承諾書に押印した印鑑につき市町村長の作成した証明書（取締役会を置かない会社においては成年被後見人が取締役に就任する場合，取締役会設置会社においては成年被後見人が代表取締役に就任する場合）（商登規第61条第4項，第5項）

イ　被保佐人が就任した場合（法第331条の2第2項等）

　(ア) 被保佐人が就任を承諾した場合

　　a　被保佐人の就任承諾書（商登法第54条第1項）

　　b　保佐人の同意書（商登法第54条第1項）

　　c　被保佐人が就任承諾書に押印した印鑑につき市町村長の作成した証明書（取締役会を置かない会社においては被保佐人が取締役に就任する場合，取締役会設置会社においては被保佐人が代表取締役に就任する場合）（商登規第61条第4項，第5項）

　　d　被保佐人の本人確認証明書（被保佐人が原本と相違ない旨を記載した謄本を含む。cを添付した場合を除く。）（商登規第61条第7項）

　(イ) 保佐人が民法第876条の4第1項の代理権付与の審判に基づき被保佐人に代わって就任を承諾した場合（法第331条の2第3項等）

a　保佐人の就任承諾書（商登法第５４条第１項）

　　b　被保佐人に係る後見登記等に関する法律第１０条に規定する登
　　　記事項証明書（なお，eの本人確認証明書を兼ねることとなる（商
　　　登規第６１条第７項)。）又は代理権を付与する旨の審判に係る審
　　　判書（商登法第５４条第１項）

　　c　被保佐人の同意書（商登法第５４条第１項）

　　d　保佐人が就任承諾書に押印した印鑑につき市町村長の作成した
　　　証明書（取締役会を置かない会社においては被保佐人が取締役に
　　　就任する場合，取締役会設置会社においては被保佐人が代表取締
　　　役に就任する場合）（商登規第６１条第４項，第５項）

　　e　被保佐人の本人確認証明書（保佐人が原本と相違ない旨を記載
　　　した謄本を含む。）（商登規第６１条第７項）

　ウ　オンライン申請の場合の添付書面の特則

　　　就任を承諾したことを証する書面に代わるべき情報を送信する場合
　　の取扱いとして，商登規第１０１条第１項第１号の規定による方法に
　　より登記の申請をする場合において，商登規第１０２条第２項の添付
　　書面情報として，上記アの場合においては（ウ）の同意書，イ（ア）の
　　場合においてはaの就任承諾書，イ（イ）の場合においてはcの同意
　　書に代わるべき情報を送信するとともに，同条第３項第２号又は第３
　　号に掲げるいずれかの電子証明書を送信したときは，商登規第１０３
　　条の特則が適用されることとなる。

(2) 成年被後見人等が取締役等を辞任した場合

　　　成年被後見人等が取締役等を辞任した場合の取締役等の変更の登記の
　　申請書には，次の書面を添付しなければならない。

　ア　成年後見人が成年被後見人に代わって辞任の意思表示をする場合

　　（ア）成年後見人の辞任を証する書面（以下「辞任届」という。）（商登
　　　　法第５４条第４項）

　　（イ）成年後見登記事項証明書（商登法第５４条第４項）

　　（ウ）成年後見人が辞任届に押印した印鑑につき市町村長の作成した証
　　　　明書（登記所に印鑑を提出している会社にあっては辞任する成年被
　　　　後見人が当該印鑑を提出している者である場合に限り，登記所に印
　　　　鑑を提出していない会社にあっては辞任する成年被後見人が会社の

代表者である場合に限る。）（商登規第６１条第８項）

　イ　成年被後見人が辞任の意思表示をする場合

　　（ア）成年被後見人の辞任届（商登法第５４条第４項）

　　（イ）辞任届に押印した印鑑につき市町村長の作成した証明書（登記所に印鑑を提出している会社にあっては辞任する成年被後見人が当該印鑑を提出している者である場合に限り，登記所に印鑑を提出していない会社にあっては辞任する成年被後見人が会社の代表者である場合に限る。ただし，当該印鑑と当該被後見人が登記所に提出している印鑑とが同一であるときは，市町村長の作成した証明書を添付することを要しない。）（商登規第６１条第８項）

　ウ　被保佐人が辞任の意思表示をする場合

　　（ア）被保佐人の辞任届（商登法第５４条第４項）

　　（イ）被保佐人が辞任届に押印した印鑑につき市町村長の作成した証明書（登記所に印鑑を提出している会社にあっては辞任する被保佐人が当該印鑑を提出している者である場合に限り，登記所に印鑑を提出していない会社にあっては辞任する被保佐人が会社の代表者である場合に限る。ただし，当該印鑑と当該被保佐人が登記所に提出している印鑑とが同一であるときは，市町村長の作成した証明書を添付することを要しない。）（商登規第６１条第８項）

４　現に在任する取締役等が成年後見開始の審判等を受けた場合

　取締役等として現に在任している者が，後見開始の審判を受けたときは，委任の終了事由に該当するため，当該取締役等は，後見開始の審判により退任する（法第３３０条，第４０２条第３項，第４７８条第８項，民法第６５３条第３号）。

　なお，取締役等として現に在任している者が，保佐開始の審判を受けたときであっても，委任の終了事由には該当しないため，当該取締役等は，当然にはその地位を失うことはない。

第５　社外取締役を置くことの義務付け

１　社外取締役を置くことが義務付けられる株式会社

　監査役会設置会社（公開会社であって，大会社であるものに限る。）であって，金融商品取引法第２４条第１項の規定によりその発行する株式に

ついて有価証券報告書を内閣総理大臣に提出しなければならないものは，社外取締役を置かなければならないとされた（法第327条の2）。

2　経過措置

改正法の施行の際現に上記1に該当する株式会社については，法第327条の2の規定は，改正法の施行後最初に終了する事業年度に関する定時株主総会の終結の時までは，適用しないとされた。

したがって，上記1に該当する株式会社については，改正法の施行後最初に終了する事業年度に関する定時株主総会において，社外取締役を選任すれば足りることとなる（改正法附則第5条）。

3　社外取締役の就任に係る登記の手続

社外取締役の就任に係る登記の手続については，従前と同様であり，取締役の就任の登記をするにとどまり，社外取締役である旨の登記はしない。

第6　法人登記事務の取扱い

1　相互会社

相互会社は，組織変更株式交付（相互会社が株式会社へ組織変更をするのと同時に別の株式会社を子会社とするために当該子会社の株式を譲り受け，当該株式の譲渡人に対して当該株式の対価として組織変更後株式会社の株式を交付すること）ができることとされた。組織変更株式交付の手続については，第2に記載した取扱いに加え，組織変更の手続も同時に行われる（保険業法第96条の9の2から第96条の14まで）。

2　一般社団法人及び一般財団法人

第4に記載した取扱いと同様である。

記録例1

新株予約権	第1回新株予約権
	新株予約権の数
	○○個
	新株予約権の目的たる株式の種類及び数又はその算定方法
	普通株式　　○○株
	募集新株予約権の払込金額若しくはその算定方法又は払込を要しないとする旨
	無償
	新株予約権の行使に際して出資される財産の価額又はその算定方法
	出資を要しない
	新株予約権を行使することができる期間
	令和○○年○○月○○日まで
	新株予約権の行使の条件
	令和○○年○○月○○日付け株主総会決議による会社法第361条第1項第4号に掲げる事項についての定めに係る取締役（取締役であった者を含む。）以外の者は，この新株予約権を行使することができない。
	令和○○年○○月○○日発行
	令和○○年○○月○○日登記

記録例 2

新株予約権	第1回新株予約権
	新株予約権の数 　○○個 新株予約権の目的たる株式の種類及び数又はその算定方法 　普通株式　○○株 募集新株予約権の払込金額若しくはその算定方法又は払込を要しないとする旨 　○○万円 新株予約権の行使に際して出資される財産の価額又はその算定方法 　○○万円 新株予約権を行使することができる期間 　令和○○年○○月○○日まで 新株予約権の行使の条件 　この新株予約権は，○○の場合に行使することができる。 令和○○年○○月○○日発行 令和○○年○○月○○日登記

〈執筆者〉

根本 正次（ねもと しょうじ）

2001年司法書士試験合格。2002年から講師として教壇に立ち，専業受験生を対象とした「新全日制本科講座」，学習経験者を対象とする講座等，初学者から上級者まで幅広く受験生を対象とした講義を企画・担当している。講義方針は，「細かい知識よりもイメージ・考え方」を重視すること。熱血的な講義の随所に小噺・寸劇を交えた受験生を楽しませる「楽しい講義」をする講師でもある。過去問の分析・出題予想に長けており，本試験直前期には「出題予想講座」を企画・実施し，数多くの合格者から絶賛されている。

根本正次のリアル実況中継 司法書士 合格ゾーンテキスト
令和元年改正会社法・商業登記法 ここがこう出る！

2021年5月10日　第1版　第1刷発行

　　　執　　筆 ● 根本 正次
　　　編著者 ● 株式会社　東京リーガルマインド
　　　　　　　 LEC総合研究所　司法書士試験部

　　　発行所 ● 株式会社　東京リーガルマインド
　　　　　　　 〒164-0001　東京都中野区中野4-11-10
　　　　　　　　　　　　　アーバンネット中野ビル
　　　　　　　　　　 ☎03(5913)5011(代　表)
　　　　　　　　　　 ☎03(5913)6336(出版部)
　　　　　　　　　　 ☎048(999)7581(書店様用受注センター)
　　　　　振　替　00160-8-86652
　　　　　www.lec-jp.com/

　　　本文デザイン ● 株式会社リリーフ・システムズ
　　　本文イラスト ● 小牧 良次
　　　印刷・製本 ● 図書印刷株式会社

©2021 TOKYO LEGAL MIND K.K., Printed in Japan　　　ISBN978-4-8449-8147-3
複製・頒布を禁じます。
本書の全部または一部を無断で複製・転載等することは，法律で認められた場合を除き，著作者及び出版者の権利侵害になりますので，その場合はあらかじめ弊社あてに許諾をお求めください。
なお，本書は個人の方々の学習目的で使用していただくために販売するものです。弊社と競合する営利目的での使用等は固くお断りいたしております。
落丁・乱丁本は，送料弊社負担にてお取替えいたします。出版部までご連絡ください。

司法書士講座のご案内

新15ヵ月合格コース

短期合格のノウハウが詰まったカリキュラム

LECが初めて司法書士試験の学習を始める方に自信をもってお勧めする講座が新15ヵ月合格コースです。司法書士受験指導30年以上の経験と、試験傾向の徹底的な分析により、これだけ受講すれば合格できるカリキュラムとなっております。司法書士試験対策は、30年以上培ってきた合格のノウハウを持つLECにお任せください。

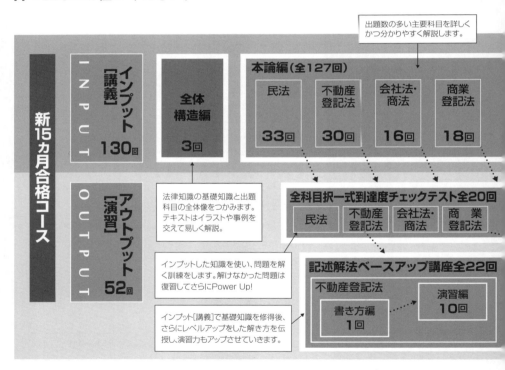

インプットとアウトプットのリンクにより短期合格を可能にした！

合格に必要な力は、適切な情報収集（インプット）→知識定着（復習）→実践による知識の確立（アウトプット）という３つの段階を経て身に付くものです。新15ヵ月合格コースではインプット講座に対応したアウトプットを提供し、これにより短期合格が確実なものとなります。

通学／通信

初学者向け総合講座

本コースは全くの初学者からスタートし、司法書士試験に合格することを狙いとしています。入門から合格レベルまで、必要な情報を詳しくかつ法律の勉強が初めての方にもわかりやすく解説します。

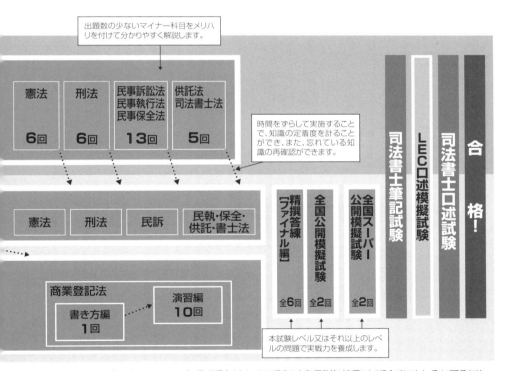

※本カリキュラムは、2020年9月1日現在のものであり、講座の内容・回数等が変更になる場合があります。予めご了承ください。

詳しくはこちら⇒ www.lec-jp.com/shoshi/

■お電話での講座に関するお問い合わせ 平日：9:30～20:00　土祝：10:00～19:00　日：10:00～18:00
※このナビダイヤルは通話料お客様ご負担になります。※固定電話・携帯電話共通（一部のPHS・IP電話からのご利用可能）。

LECコールセンター 0570-064-464

LEC Webサイト ▷▷▷ www.lec-jp.com/

情報盛りだくさん！

資格を選ぶときも、
講座を選ぶときも、
最新情報でサポートします！

≫ 最新情報
各試験の試験日程や法改正情報、対策講座、模擬試験の最新情報を日々更新しています。

≫ 資料請求
講座案内など無料でお届けいたします。

≫ 受講・受験相談
メールでのご質問を随時受付けております。

≫ よくある質問
LECのシステムから、資格試験についてまで、よくある質問をまとめました。疑問を今すぐ解決したいなら、まずチェック！

≫ 書籍・問題集（LEC書籍部）
LECが出版している書籍・問題集・レジュメをこちらで紹介しています。

充実の動画コンテンツ！

ガイダンスや講演会動画、
講義の無料試聴まで
Webで今すぐCheck！

≫ 動画視聴OK
パンフレットやWebサイトを見てもわかりづらいところを動画で説明。いつでもすぐに問題解決！

≫ Web無料試聴
講座の第1回目を動画で無料試聴！気になる講義内容をすぐに確認できます。

スマートフォン・タブレットからはQRコードでのアクセスが便利です。▷▷▷

自慢のメールマガジン配信中！（登録無料）

LEC講師陣が毎週配信！ 最新情報やワンポイントアドバイス、改正ポイントなど合格に必要な知識をメールにて毎週配信。

www.lec-jp.com/mailmaga/

LEC E学習センター

新しい学習メディアの導入や、Web学習の新機軸を発信し続けています。また、LECで販売している講座・書籍などのご注文も、いつでも可能です。

online.lec-jp.com/

LEC電子書籍シリーズ

LECの書籍が電子書籍に！ お使いのスマートフォンやタブレットで、いつでもどこでも学習できます。
※動作環境・機能につきましては、各電子書籍ストアにてご確認ください。

www.lec-jp.com/ipad/

LEC書籍・問題集・レジュメの紹介サイト **LEC書籍部** www.lec-jp.com/system/book/

- LECが出版している書籍・問題集・レジュメをご紹介
- 当サイトから書籍などの直接購入が可能（＊）
- 書籍の内容を確認できる「チラ読み」サービス
- 発行後に判明した誤字等の訂正情報を公開

＊商品をご購入いただく際は、事前に会員登録（無料）が必要です。
＊購入金額の合計・発送する地域によって、別途送料がかかる場合がございます。

※資格試験によっては実施していないサービスがありますので、ご了承ください。

LEC 全国学校案内

＊講座のお問合せ、受講相談は最寄りのLEC各校へ

LEC本校

■北海道・東北

札　幌本校　☎011(210)5002
〒060-0004 北海道札幌市中央区北4条西5-1　アスティ45ビル

仙　台本校　☎022(380)7001
〒980-0021 宮城県仙台市青葉区中央3-4-12
仙台ＳＳスチールビルⅡ

■関東

渋谷駅前本校　☎03(3464)5001
〒150-0043 東京都渋谷区道玄坂2-6-17　渋東シネタワー

池　袋本校　☎03(3984)5001
〒171-0022 東京都豊島区南池袋1-25-11　第15野萩ビル

水道橋本校　☎03(3265)5001
〒101-0061 東京都千代田区神田三崎町2-2-15　Daiwa三崎町ビル

新宿エルタワー本校　☎03(5325)6001
〒163-1518 東京都新宿区西新宿1-6-1　新宿エルタワー

早稲田本校　☎03(5155)5501
〒162-0045 東京都新宿区馬場下町62　三朝庵ビル

中　野本校　☎03(5913)6005
〒164-0001 東京都中野区中野4-11-10　アーバンネット中野ビル

立　川本校　☎042(524)5001
〒190-0012 東京都立川市曙町1-14-13　立川MKビル

町　田本校　☎042(709)0581
〒194-0013 東京都町田市原町田4-5-8　町田イーストビル

横　浜本校　☎045(311)5001
〒220-0004 神奈川県横浜市西区北幸2-4-3　北幸GM21ビル

千　葉本校　☎043(222)5009
〒260-0015 千葉県千葉市中央区富士見2-3-1　塚本大千葉ビル

大　宮本校　☎048(740)5501
〒330-0802 埼玉県さいたま市大宮区宮町1-24　大宮GSビル

■東海

名古屋駅前本校　☎052(586)5001
〒450-0002 愛知県名古屋市中村区名駅3-26-8
ＫＤＸ名古屋駅前ビル

静　岡本校　☎054(255)5001
〒420-0857 静岡県静岡市葵区御幸町3-21　ペガサート

■北陸

富　山本校　☎076(443)5810
〒930-0002 富山県富山市新富町2-4-25　カーニープレイス富山

■関西

梅田駅前本校　☎06(6374)5001
〒530-0013 大阪府大阪市北区茶屋町1-27　ABC-MART梅田ビル

難波駅前本校　☎06(6646)6911
〒542-0076 大阪府大阪市中央区難波4-7-14　難波フロントビル

京都駅前本校　☎075(353)9531
〒600-8216 京都府京都市下京区東洞院通七条下ル2丁目
東塩小路町680-2　木村食品ビル

京　都本校　☎075(353)2531
〒600-8413　京都府京都市下京区烏丸通仏光寺下ル
大政所町680-1 第八長谷ビル

神　戸本校　☎078(325)0511
〒650-0021 兵庫県神戸市中央区三宮町1-1-2　三宮セントラルビル

■中国・四国

岡　山本校　☎086(227)5001
〒700-0901 岡山県岡山市北区本町10-22　本町ビル

広　島本校　☎082(511)7001
〒730-0011 広島県広島市中区基町11-13　合人社広島紙屋町アネクス

山　口本校　☎083(921)8911
〒753-0814 山口県山口市吉敷下東 3-4-7　リアライズⅢ

高　松本校　☎087(851)3411
〒760-0023 香川県高松市寿町2-4-20　高松センタービル

松　山本校　☎089(961)1333
〒790-0003 愛媛県松山市三番町7-13-13　ミツネビルディング

■九州・沖縄

福　岡本校　☎092(715)5001
〒810-0001 福岡県福岡市中央区天神4-4-11　天神ショッパーズ
福岡

那　覇本校　☎098(867)5001
〒902-0067 沖縄県那覇市安里2-9-10　丸姫産業第2ビル

■EYE関西

EYE 大阪本校　☎06(7222)3655
〒530-0013　大阪府大阪市北区茶屋町1-27　ABC-MART梅田ビル

EYE 京都本校　☎075(353)2531
〒600-8413　京都府京都市下京区烏丸通仏光寺下ル
大政所町680-1 第八長谷ビル

【LEC公式サイト】www.lec-jp.com/

＊提携校はLECとは別の経営母体が運営をしております。
＊提携校は実施講座およびサービスにおいてLECと異なる部分がございます。

LEC提携校

■ 北海道・東北

北見駅前校【提携校】 ☎0157(22)6666
〒090-0041　北海道北見市北1条西1-8-1　一燈ビル　志学会内

八戸中央校【提携校】 ☎0178(47)5011
〒031-0035　青森県八戸市寺横町13　第1朋友ビル　新教育センター内

弘前校【提携校】 ☎0172(55)8831
〒036-8093　青森県弘前市城東中央1-5-2　まなびの森　弘前城東予備校内

秋田校【提携校】 ☎018(863)9341
〒010-0964　秋田県秋田市八橋鯲沼町1-60　株式会社アキタシステムマネジメント内

■ 関東

水戸見川校【提携校】 ☎029(297)6611
〒310-0912　茨城県水戸市見川2-3092-3

熊谷筑波校【提携校】 ☎048(525)7978
〒360-0037　埼玉県熊谷市筑波1-180　ケイシン内

所沢校【提携校】 ☎050(6865)6996
〒359-0037　埼玉県所沢市くすのき台3-18-4　所沢K・Sビル　合同会社LPエデュケーション内

東京駅八重洲口校【提携校】 ☎03(3527)9304
〒103-0027　東京都中央区日本橋3-7-7　日本橋アーバンビル　グランデスク内

日本橋校【提携校】 ☎03(6661)1188
〒103-0025　東京都中央区日本橋茅場町2-5-6　日本橋大江戸ビル　株式会社大江戸コンサルタント内

新宿三丁目駅前校【提携校】 ☎03(3527)9304
〒160-0022　東京都新宿区新宿2-6-4　KNビル　グランデスク内

■ 東海

沼津校【提携校】 ☎055(928)4621
〒410-0048　静岡県沼津市新宿町3-15　萩原ビル　M-netパソコンスクール沼津校内

■ 北陸

新潟校【提携校】 ☎025(240)7781
〒950-0901　新潟県新潟市中央区弁天3-2-20　弁天501ビル　株式会社大江戸コンサルタント内

金沢校【提携校】 ☎076(237)3925
〒920-8217　石川県金沢市近岡町845-1　株式会社アイ・アイ・ピー金沢内

福井南校【提携校】 ☎0776(35)8230
〒918-8114　福井県福井市羽水2-701　株式会社ヒューマン・デザイン内

■ 関西

和歌山駅前校【提携校】 ☎073(402)2888
〒640-8342　和歌山県和歌山市友田町2-145　KEG教育センタービル　株式会社KEGキャリア・アカデミー内

■ 中国・四国

松江殿町校【提携校】 ☎0852(31)1661
〒690-0887　島根県松江市殿町517　アルファステイツ殿町　山路イングリッシュスクール内

岩国駅前校【提携校】 ☎0827(23)7424
〒740-0018　山口県岩国市麻里布町1-3-3　岡村ビル　英光学院内

新居浜駅前校【提携校】 ☎0897(32)5356
〒792-0812　愛媛県新居浜市坂井町2-3-8　パルティフジ新居浜駅前店内

■ 九州・沖縄

佐世保駅前校【提携校】 ☎0956(22)8623
〒857-0862　長崎県佐世保市白南風町5-15　智翔館内

日野校【提携校】 ☎0956(48)2239
〒858-0925　長崎県佐世保市椎木町336-1　智翔館日野校内

長崎駅前校【提携校】 ☎095(895)5917
〒850-0057　長崎県長崎市大黒町10-10　KoKoRoビル　minatoコワーキングスペース内

沖縄プラザハウス校【提携校】 ☎098(989)5909
〒904-0023　沖縄県沖縄市久保田3-1-11　プラザハウス　フェアモール　有限会社スキップヒューマンワーク内

※上記は2021年3月1日現在のものです。

お問合せ窓口

書籍・講座・資料のお問合せ・お申込み

○ **LECコールセンター** （通学講座のお申込みは、最寄りの各本校にて承ります）

0570-064-464

受付時間　平日 9:30～20:00　土・祝 10:00～19:00　日 10:00～18:00

※このナビダイヤルは通話料お客様ご負担となります。
※固定電話・携帯電話共通（一部のPHS・IP電話からのご利用可能）。
※LECの講座は全国有名書店や、大学内生協・書籍部でも受付しております。受付店舗についてはLECコールセンターへお問合せください。
※書店様のご注文・お問合せは、下記の**(書店様専用)受注センター**で承ります。

知りたい！
聞きたい！

○ **LEC公式サイト**

www.lec-jp.com/

※書籍・講座のお申込みについてはLEC公式サイトにある「書籍・レジュメ購入」および「オンライン申込」から承ります。

QRコードから
かんたんアクセス！

○ **LEC各本校** （「LEC全国学校案内」をご覧ください）

○ **(書店様専用)受注センター** （読者の方からのお問合せは受け付けておりませんので、ご了承ください）

☎ 048-999-7581　Fax 048-999-7591

受付時間　月～金　9:00～17:00　土・日・祝休み

書籍の誤字・誤植等の訂正情報について

○ **LEC書籍の訂正情報WEBサイト** （発行後に判明した誤字・誤植等の訂正情報を順次掲載しております）

www.lec-jp.com/system/correct/

※同ページに掲載のない場合は、「お問い合わせ」(www.lec-jp.com/system/soudan/) の各種フォームよりお問い合わせください。

なお、訂正情報に関するお問い合わせ以外の書籍内容に関する解説や受験指導等は一切行っておりません。また、お電話でのお問い合わせはお受けしておりませんので、予めご了承ください。

LECの取扱資格・検定一覧

法律系　司法試験／予備試験／法科大学院／司法書士／行政書士／弁理士／知的財産管理技能検定®／米国司法試験

公務員系　国家総合職・一般職／地方上級／外務専門職／国税専門官／財務専門官／労働基準監督官／裁判所事務官／家庭裁判所調査官補／市役所職員／理系（技術職）公務員／心理・福祉系公務員／警察官・消防官／経験者採用／高卒程度公務員

簿記・会計系　公認会計士／税理士／日商簿記／ビジネス会計検定試験®／給与計算検定

労務・キャリア系　社会保険労務士／FP（ファイナンシャルプランナー）／キャリアコンサルタント／貸金業務取扱主任者／年金アドバイザー／人事総務検定／労働時間適正管理者検定／特定社労士／マイナンバー管理アドバイザー

不動産系　宅地建物取引士（旧・宅地建物取引主任者）／不動産鑑定士／マンション管理士／管理業務主任者／土地家屋調査士／測量士補／民泊適正管理主任者／ADR調停人研修／住宅ローン診断士／土地活用プランナー／競売不動産取扱主任者／ホームインスペクター

福祉・医療系　保育士／社会福祉士／精神保健福祉士／公認心理師／心理カウンセラー／ケアマネジャー／登録販売者

ビジネス実務系　通関士／中小企業診断士／ビジネスマネジャー検定試験®／秘書検定／ビジネス実務法務検定試験®

IT・情報・パソコン系　ITパスポート／MOS試験

電気・技術系　QC検定

※上記に掲載されていない資格・検定等でも、LECで取り扱っている場合があります。詳細はLEC公式サイトをご覧ください。

企業研修

■人材開発・キャリア開発サポート
企業内での集合研修や
eラーニング・通信教育の
企画提案・提供
partner.lec-jp.com/

人材サービス

■プロキャリア事業部
資格や学習知識を活かした
就職・転職をサポート
東京オフィス　☎03-5913-6081
大阪オフィス　☎06-6374-5912
lec-procareer.jp/

LECグループ

■事務所作りをトータル
サポート　株式会社輪法
合格後の独立開業を
バックアップ
☎03-5913-5801
rinpou.com/

■専門士業のワンストップサービス
士法人グループ
新たな士業ネットワーク構築と
独立支援・実務能力の養成をめざす
社会保険労務士法人LEC（エル・イー・シー）
司法書士法人法思
税理士法人LEC（エル・イー・シー）
弁護士法人LEC（エル・イー・シー）